Jan Eggert & Georg Schmitt

Erfolg durch *EffEff*-Umgang mit der Zeit

Der *STUFEN*-Weg
zur individuell-optimalen Selbst-Entwicklung

FSC
www.fsc.org
MIX
Papier aus verantwortungsvollen Quellen
Paper from responsible sources
FSC® C105338

Zweite, überarbeitete und aktualisierte Auflage von Band 2 der Schriftenreihe der Bildungs- und Chancen-Stiftung *STUFEN zum ERFOLG*.

Herausgeber
Prof. Dr. Hardy Wagner
Prof. Dr. Elisabeth Heinemann

Lektorat
Lieselotte Schmitt

Satz & Layout, Grafiken
Georg Schmitt

Bibliografische Information der Deutschen Nationalbibliothek:
Die Deutsche Nationalbibliothek verzeichnet diese Publikation in der Deutschen Nationalbibliografie; detaillierte bibliografische Daten sind im Internet über dnb.dnb.de abrufbar.

Herstellung und Verlag
BoD - Books on Demand, Norderstedt

ISBN 978-3-7597-2936-1

Inhalt

Geleitwort des Herausgebers und der Herausgeberin

Mit der hiermit vorliegenden zweiten Auflage von Band 2 der STUFEN-Schriftenreihe erfolgt der Übergang der Autorenschaft von Hardy und Ute Wagner auf die engagierten STUFEN-Partner Jan Eggert und Georg Schmitt, die wir auf diesem Wege herzlich begrüßen.

Inzwischen hat Frau Prof. Dr. Elisabeth Heinemann die Mitherausgeberschaft von Prof. Dr. Reinhold Jäger, ehemaliger Direktor des Zentrums für Empirische Pädagogische Forschung an der Universität Landau, übernommen. Sie war auch die Initiatorin der Einführung des STUFEN-PELZ-Konzepts als Pflicht-Veranstaltung für Studierende im ersten Semester der Angewandten Informatik an der Hochschule Worms. Was als reine Präsenz-Veranstaltung begann wird dort mittlerweile als Blended Learning angeboten: Erfolgs-Baustein Z (*EffEff*-Umgang mit der Zeit) ist – wie auch Baustein L (Lernen lernen) einer der beiden operativen P-E-L-Z-Elemente. P-ersönlichkeit und E-rfolg sind die beiden strategischen Erfolgs-Bausteine.

Die aktuellen Autoren haben die bewährten Inhalte der ersten Auflage von Band Z weitgehend übernommen, aktualisiert und ergänzt. So wurde etwa die missverständliche Interpretation des sog. Eisenhower-Prinzips relativiert sowie die hilfreiche Zeigarnik-Regel integriert. Die Autoren stellen im vorliegenden Werk auch erstmals das von Hardy Wagner entwickelte fundamentale Prinzip „A/B plus 100+C minus 50“ vor.

Zeit ist nach der Gesundheit das wohl wichtigste Gut über das Menschen verfügen, und das sogar unentgeltlich. Allerdings ist sie im Gegensatz zur Gesundheit irreversibel. Überdies hängt die Nutzung von Zeit auch stark vom individuellen Temperament derjenigen ab, denen sie zur Verfügung steht. Dies wird in Modul II expliziert, das vor allem jungen Menschen als unserer primären Zielgruppe, wichtige fachliche Hinweise bietet.

In der vorliegenden Auflage wird – statt der früheren tabellarischen Analyse – die von Wagner entwickelte STUFEN-Kurz-Analyse (SKA) zur Verfügung gestellt. Mit den als Ergebnis prozentual ausgewiesenen individuellen Temperaments-Anteilen erhalten die Nutzer und Nutzerinnen eine ausführliche allgemeine Interpretation. Sie ist hilfreich für das Erkennen von Zeit-Fallen und für die individuell-optimale Nutzung der 24 Stunden täglich, die uns allen grundsätzlich zur Verfügung stehen. Hiervon können auch Berufstätige erheblich profitieren, wie die Erfahrungen aus Führungs-Seminaren gezeigt haben. Seminare zum sogenannten Zeit-Management sind ohne Bezug auf die menschlichen Verhaltens-Unterschiede heute nicht mehr üblich. Übrigens, Zeit-Management gibt es nicht: Es geht jeweils um Selbstmanagement im Hinblick auf die individuell-optimale Nutzung von Zeit.

Aufgrund der zunehmenden Digitalisierung können die früheren Hinweise zur Nutzung des Instruments Zeitplan-Buch entfallen. Im Übrigen erfolgte in dieser 2. Auflage einerseits die Zusammenfassung von Tages- und Wochen-Planung, andererseits eine Integration der bezüglich des Zeitplan-Buchs relevanten Hinweise in das Modul Team-Arbeit. Damit ergab sich zugleich Raum für ein weiteres Modul mit Hinweisen auf den ergänzenden STUFEN-Baustein Mentale Fitness/Flow.

Das Herausgeberteam wünscht der aktuellen Auflage eine weite Verbreitung als für sich stehende Literatur ebenso wie als Teilnehmenden-Unterlage in Lehr-Veranstaltungen und natürlich den Leserinnen und Lesern hilfreiche Erkenntnisse.

Im Mai 2024

Billigheim	Darmstadt
Hardy Wagner	Elisabeth Heinemann

Vorwort der Autoren

Liebe Leserin, lieber Leser, mit diesem Buch

Erfolg durch *EffEff*-Umgang mit der Zeit

behandeln wir ein für alle Menschen wichtiges Thema: Der individuelle und optimale Umgang mit der Zeit. In diesem Zusammenhang wird oftmals von »Zeitmanagement« gesprochen, was ein weitläufig benutzter, aber nicht zutreffender Begriff ist, denn Zeit lässt sich nicht managen. Nur wir selbst können durch Selbstmanagement, im Einklang mit unseren individuellen Veranlagungen, den Umgang mit der Zeit effektiv und effizient gestalten. Deswegen schreiben wir in diesem Zusammenhang von »Prioritätenmanagement«, weil die Zeit – die immer weiterläuft, egal was wir tun – nicht zu managen ist, wir aber Prioritäten setzen und uns selbst managen können und sollten!

Wir verzichten in diesem Buch auf das förmliche Sie und sprechen den Leser mit du an – sozusagen auf Augenhöhe. Und wenn wir vom Leser schreiben, dann meinen wir natürlich auch die Leserinnen und alle interessierten und engagierten Menschen.

Du hast dieses Buch vielleicht erworben, weil du die Wichtigkeit vom Umgang mit der Zeit in deinem Leben erkannt hast. Möglicherweise ist ein Grund, warum du dieses Buch vor dir liegen hast, das Gefühl, dir würde Zeit für irgendetwas fehlen. Warum also jetzt noch mehr Zeit in ein Arbeitsbuch investieren?

Alle Übungen können vor dem Hintergrund persönlicher Zielsetzungen und Definitionen von Erfolg ausgeführt werden. Es gibt eine inzwischen nur noch schwer überschaubare Fülle an Optimierungs-Werkzeugen und Ratgebern für den Umgang mit der Zeit. Dieser Band enthält eine Reihe von essenziellen Methoden und Übungen, die in den Alltag integriert werden können. Beim Umgang mit der Zeit ist die innere Einstellung sowie die Fähigkeit, Prioritäten setzen zu können, ob mithilfe von klassischen Werkzeugen wie Terminkalender und Planer oder mit digitalen Tools und Apps, entscheidend wichtig!

Dieser STUFEN-Band, der sowohl für das Selbststudium wie auch als Arbeitsgrundlage für sämtliche Workshopformate genutzt werden kann, ist in acht Module gegliedert. Du wirst zunächst in Modul I erfahren, welchen »Wert« deine Zeit hat. Dabei kannst du konkrete Ziele formulieren, die du mithilfe dieses Buches erreichen möchtest. Da der Umgang mit der Zeit stark vom jeweiligen Persönlichkeitstyp abhängt, widmet sich Modul II dem Zusammenhang zwischen Persönlichkeit und Prioritätenmanagement. In Modul III analysieren wir, weshalb wir manchmal das Gefühl haben, dass uns die Zeit gestohlen wird und nichts für uns übrig bleibt. Modul IV stellt wichtige und hilfreiche Grundsätze für ein gelungenes Prioritätenmanagement vor. Jeder kann dabei für sich passende Werkzeuge finden. Hierbei werden insbesondere die klassischen Methoden aus dem Bereich des Selbst- und Prioritätenmanagements präsentiert. Daran anknüpfend widmet sich Modul V der Tages- und Wochenplanung, bei der ein geschicktes Setzen von Prioritäten die vielen kleinen Schritte zum langfristigen und erfüllenden Erfolg darstellen kann. Die Zeit, die wir gemeinsam mit anderen Menschen verbringen, wird in Modul VI thematisiert. In Modul VII wird das Phänomen *flow* behandelt: Wie man voll fokussiert, ganz aufgelöst, im Zustand hoher Konzentration und Motivation bei seiner Aufgabe Raum und Zeit vergisst und in einem Hochgefühl der Freude, völlig in seinen Aktivitäten aufgeht.

Abschließend hast du die Möglichkeit, in Modul VIII deine Erkenntnisse und vor allem die praktisch umgesetzten Fortschritte, die du während der Bearbeitung der vorherigen Module erzielen konntest, zu reflektieren und realistische Ziele mit dir selbst zu vereinbaren.

In diesem zweiten Band

Z Erfolg durch *EffEff*-Umgang mit der Zeit/Prioritätenmanagement

der STUFEN-Schriftenreihe werden in Form eines Arbeitsbuches Inhalte des grundlegenden STUFEN-Bausteins Z behandelt. Die Publikation ist Grundlage eines seit Jahrzehnten bewährten Seminarkonzepts zum Umgang mit der Zeit, welches wir kontinuierlich weiterentwickelt haben.

Du kannst dieses Buch zügig durchlesen und wirst auf diese Weise gewiss den einen oder anderen anregenden Impuls für dich mitnehmen können. Doch wenn du wirklich lernen möchtest, deinen Umgang mit der Zeit zu beherrschen, führt kein Weg daran vorbei, die Übungen zu bearbeiten und Methoden über einen längeren Zeitraum konsequent umzusetzen sowie stetig zu optimieren. Ein gelungener Umgang mit der Zeit erfordert, wie so ziemlich jede noch nicht beherrschte Fähigkeit, Disziplin und kontinuierliche Lernbereitschaft.

Dieses Buch will inspirieren und dich auf einigen deiner vielen Schritte zu deinem individuellen Erfolg begleiten. Gerade aus diesem Grund war es uns Autoren ein großes Anliegen, dir wirklich effektive und effiziente (*EffEff*) Methoden und Techniken an die Hand zu geben, die auch für unterschiedliche Persönlichkeitstypen anwendbar sind. Schließlich wollen wir auch mit deiner Zeit, einem unbezahlbaren Gut, das einmal ausgegeben, nie wieder rückholbar ist, achtsam umgehen.

Der souveräne Umgang mit der Zeit hat einen lebenslangen Nutzen. Ob als Schüler, Student, Auszubildender im Berufs- oder Privatleben sowie auch beim Start und Gestaltung des dritten Lebensabschnittes. In jeder Lebensphase ist die Frage wichtig, wofür wir schwerpunktmäßig unsere Zeit einsetzen.

An dieser Stelle möchten wir besonders darauf hinweisen, dass in diesem Band die Gedanken und Ziele der Autoren der Erstauflage, Professor Dr. Hardy Wagner und Ute Wagner, weitergeführt werden. Es war uns eine Ehre und Freude, die zweite Auflage dieses STUFEN-Bandes auf dieser Grundlage ausbauend zu gestalten. Zahlreiche Gespräche und Diskussionen mit Herrn Prof. Dr. Hardy Wagner, welcher uns mit seinem großen Wissensschatz und Erfahrungen inspirierte, haben sich inhaltlich auf das Buch und seine Gestaltung förderlich ausgewirkt.

Bedanken möchten wir uns bei Samuel Sindhu, Marcus Wehrstein und Thomas Ruf, die in konstruktiven Feedback-Gesprächen ihre Ideen und Erfahrungen mit eingebracht haben. Ein besonderes Dankeschön gilt Ralf Stehmann, der uns mit wertvollen Anregungen und Impulsen bei der Erstellung des Buches begleitet hat.

Sinn und Ziel der Schriftenreihe der STUFEN-Stiftung ist es, möglichst vielen Menschen Hilfe zu geben, ein persönlich und beruflich erfolgreiches Leben zu gestalten. Daher wünschen wir allen Lesern Erfolg und Zufriedenheit in einer individuell-optimal *EffEff* ausgefüllten Lebenszeit.

ERFOLG ist die innere ZUFRIEDENHEIT
aufgrund von Art und Grad SINN-basierter ZIELERREICHUNG
im Hinblick auf die individuelle PERSÖNLICHKEITS-STRUKTUR

Im Mai 2024

Hanau	Kaiserslautern
Jan Eggert	Georg Schmitt

Nutze dieses Buch *EffEff*: Effektiv und Effizient

Die Lektüre dieses Buches, eines bewährten Erfolgsseminars in Schriftform, kann für dich und deinen Lebenserfolg wegweisend sein.

Jeder Mensch ist ein ganz besonderer Mensch, ein Unikat!

Das ist dir bekannt und es wird dir aufgrund der Beschäftigung mit diesem Buch noch bewusster werden: Deine Persönlichkeit ist einzigartig, wie ein Fingerabdruck. Daher wirst du dieses Buch auf deine ganz besondere und individuelle Art durcharbeiten.

EffEff steht für effektiv (die Dinge richtig tun) und effizient (die richtigen Dinge tun). Sicher möchtest du das Buch auch im Sinne von *EffEff* erarbeiten, um dein Leben noch erfolgreicher und zufriedener zu gestalten. Die vorgestellten Tipps, Tools und Übungen sind so konzipiert, dass diese für möglichst unterschiedliche Interessen, Wünsche und Ziele anwendbar sind.

- ▷ Vielleicht bist du ein sehr pragmatischer Leser, der schnell das Wesentliche, etwa anhand von Checklisten, und den möglichen Nutzen für sich erkennen will, um die erworbenen Kenntnisse möglichst umgehend anwenden zu können. Oder du liest das Buch vielleicht selektiv ein zweites Mal, gegebenenfalls aufgrund von Anmerkungen oder Markierungen.
- ▷ Womöglich bist du aber auch ein besonders neugieriger Leser, der zügig blättert, um schnell gute Ideen, Bilder und Beispiele zu finden, die du, vielleicht weil dir der Austausch mit anderen wichtig ist, Freunden bei passender Gelegenheit nicht vorenthalten willst.

- ▷ Oder du bist ein sehr gründlicher Leser, für den es wichtig ist, die Gedanken der Autoren nachvollziehen zu können. Deshalb pflegst du ganz bewusst die Gewohnheit, ein Buch strukturiert durchzulesen.
- ▷ Es kann natürlich auch sein, dass du in erster Linie ein eher analytischer Leser bist, der gern systematisch vorgeht, um nichts, was wesentlich sein könnte, zu übersehen. Vor allem Hintergründe und Begründungen interessieren dich und deshalb blätterst du, auch bei Bedarf, in verschiedenen Kapiteln und liest Absätze unter Umständen mehrfach.

Jede dieser Methoden bzw. Lesegewohnheiten hat etwas für sich. Daher haben wir Abbildungen, tabellarische Darstellungen, Erfolgstipps, Übungen und Lernfragen, Inhalte und Zielsetzung so präsentiert, dass verschiedene Ansätze der Bearbeitung möglich sind. Wichtig für alle Leser dieses Arbeitsbuches ist es, mit der STUFEN-Kurz-Analyse (SKA) ihre Persönlichkeitsstruktur (in Modul II) zu analysieren und auch die Interpretationen bewusst kritisch, auf Grundlage eigener Erfahrungen, zu hinterfragen. Auf dieser Grundlage empfehlen wir dir, ob eher pragmatisch, neugierig, gründlich oder analytisch lesend, konsequent gewonnene Erkenntnisse in die Praxis umzusetzen. Hierzu gehört das Reflektieren unserer Erfolgstipps, vor allem aber die Bearbeitung der Übungen. Wenn du diese Trainingsschritte konsequent gehst, wird sich der Zeitaufwand für dich nachhaltig lohnen.

Wie wichtig ein optimales Lerntiming mit systematischen intervallgesteuerten Wiederholungen ist, erfährst du in Modul I (Faktor Zeit im Lernprozess) mit der Vergessenskurve von Ebbinghaus. Es wird bei der Bearbeitung des Buches auch gefühlte Lernstillstände geben, die ganz natürlich zu jedem Lernprozess dazugehören. Es sind die Lernplateaus wie sie George Burr Leonard beschreibt und in Abbildung 4 auch grafisch dargestellt sind.

Die Darstellungen von Single- und Multitasking in Modul III zeigen ganz klar auf, dass unser Gehirn nicht parallel arbeitet und im Multitasking-Modus zwischen den Aktivitäten wechselt. Bei der Bearbeitung dieses Buches und auch in Beruf und Freizeit kommst du mit Singletasking in einen angenehmen produktiven *flow-Modus.*

Ein grundlegendes und zugleich wegweisendes Motto dieser Publikation sowie des gesamten STUFEN-Konzepts lässt sich mit Hermann Hesses *Narziß und Goldmund* illustrieren:

Denn indem ein Mensch
mit den ihm von Natur gegebenen Gaben
sich zu verwirklichen sucht,
tut er das Höchste und einzig Sinnvolle,
was er kann.

Faktor Zeit
im Lernprozess
Persönliches Zeitkapital
Zeit-Qualität & -Quantität
Prioritätenmanagement
Prioritäten & Zielsetzung
Tagesziele
Periodenziele
Lebensziele
Das Phänomen Zeit
Modul
I

Modul I Das Phänomen Zeit

Im Rahmen der Modul-Lernziele erfährst du

- welchen Wert deine Zeit hat
- welche Bedeutung Ziele für das Setzen von Prioritäten haben und warum Zielsetzung für den Umgang mit der Zeit fundamental ist
- wie du deine eigenen, unausgesprochenen Ziele erkennen und planen kannst
- wie du konkrete Ziele für die Lektüre dieses Buches und dein Prioritätenmanagement setzen wirst
- welchen Einfluss Vergessenskurven auf dein Lernen haben
- dass es durchaus auch Lernphasen gibt, in denen der Lernfortschritt stagniert

1. Qualität und Quantität der Zeit

Wir alle kennen die Aussage:	**Zeit ist gleich Geld**
Doch ist Zeit wirklich nur Geld? Nein! Denn:	**Zeit ist mehr als Geld**

Die bekannte Aussage, dass Zeit gleich Geld wäre, ist zwar nicht völlig falsch, aber unvollständig und vereinfacht, denn:

Zeit ist Leben

Wie wir unsere Zeit schwerpunktmäßig einsetzen, bestimmt, was in unserem Leben geschieht und zeigt, wer wir sind. Zeit ist nach der Gesundheit das wichtigste Gut oder mindestens eines der wertvollsten Güter unseres Lebens. Vor allem steht sie jedem Menschen, im Gegensatz etwa zu Gesundheit oder materiellen Ressourcen, gleich verteilt und sogar unentgeltlich zur Verfügung, ist dafür aber auch nicht rückholbar. Zeit kann nicht gespeichert werden. Zeit, die wir heute nicht nutzen oder vergeuden, steht uns zu einem späteren Zeitpunkt nicht mehr zur Verfügung. In bestimmten Situationen muss Zeit schwerpunktmäßig für bestimmte Aktivitäten aufgebracht werden. Dennoch bleibt es immer deine Entscheidung, wie du deine frei verfügbare (!) Zeit optimal nutzt. Zeit kann selbstverständlich dafür eingesetzt werden, Geld zu verdienen. So soll beispielsweise Benjamin Franklin, US-amerikanischer Politiker, Schriftsteller und Erfinder, einem Handwerksburschen die Empfehlung gegeben haben:

»Bedenke, dass Zeit auch Geld ist!«

Zeit ist nicht nur die Voraussetzung, um Gewinne zu erzielen, sei es durch Einsatz von Arbeitszeit oder auch Schul-, Studien- oder Ausbildungszeit, um später (extrinsisch) ein höheres Gehalt zu beziehen. Vor allem hat Zeit eine besondere, intrinsische Qualität: Zeit ist Leben! Ein Wort aus dem Sanskrit illustriert umfassend, wie wertvoll die Zeit ist, die uns im Hier und Jetzt zur Verfügung steht:

Achte gut auf diesen Tag,
denn er ist das Leben –
das Leben allen Lebens.
In seinem kurzen Ablauf liegt alle seine
Wirklichkeit und Wahrheit des Daseins
die Wonne des Wachsens,
die Größe der Tat,
die Herrlichkeit der Kraft.
Denn das Gestern ist nichts als ein Traum
und das Morgen nur eine Vision.
Das Heute jedoch – recht gelebt –
macht jedes Gestern
zu einem Traum voller Glück
und jedes Morgen
zu einer Vision voller Hoffnung.
Darum achte gut auf diesen Tag.
(Dschalal ad-Din Muhammad Rumi)

Alles, was wir bisher getan haben, derzeit tun und künftig noch tun werden, spielt sich immer gegenwärtig im Hier und Jetzt, zwischen Vergangenheit und Zukunft ab.

Insoweit ist die häufig zu hörende, entschuldigend gemeinte Aussage, »Ich habe keine Zeit« zwar aus subjektiver Perspektive verständlich, objektiv hingegen unrichtig, um nicht zu sagen, die Unwahrheit! Denn jedem von uns stehen täglich exakt 24 Stunden zur Verfügung.

Deshalb kommt es stets darauf an, wie du deine Zeit nutzt und welche Prioritäten du setzt. Denn richtigerweise muss die Aussage, »Ich habe keine Zeit«, wie folgt lauten: »Ich habe für das, was ich eigentlich tun sollte oder möchte, keine Zeit, weil ich meine (durchaus vorhandene) Zeit für etwas aufwende, dem ich gerade aus verschiedenen Gründen eine höhere Dringlichkeit zuschreibe«.

2. Prioritäten und Zielsetzung

Bist du dir bewusst, dass du immer eine Priorität setzt, wenn du dich dazu entscheidest, deine gegenwärtig verfügbare Zeit mit einer bestimmten Aktivität zu verbringen? Bewusst leben und in unserem Tun Sinn erleben, ist eng mit dem Phänomen Zeit verbunden. Besondere Bedeutung erhält dies in der Logotherapie, der »Lehre vom Sinn«. Diese wurde, nach bitteren, existenziellen Erfahrungen im Konzentrationslager, von Viktor Frankl entwickelt. Sein Schüler Walter Böckmann übertrug diese Erkenntnisse in die Wirtschaft und Arbeitswelt:

Wer Leistung fordert, muss Sinn bieten![1]

Das Erreichen des persönlichen Erfolges ist sinnstiftend. Doch, was bedeutet es konkret, Erfolg zu haben? Die Definition, Erfolg sei das, was erfolgt, ist zwar nicht falsch, aber auch nicht vollständig. Denn das, was zu erfolgen erwünscht ist, sollte auch als sinnvoll empfunden werden und im Hinblick auf das Erreichen von Zielen geplant und angestrebt sein. Jeder Mensch hat seine eigene Definition von Erfolg. Das kann gesellschaftlicher Einfluss, eine anerkannte soziale

[1] Walter Böckmann, Wer Leistung fordert, muss Sinn bieten. Moderne Menschenführung in Wirtschaft und Gesellschaft, Littera Publikationen 1984.

Stellung, das Gefühl, Anderen geholfen zu haben, eine Familie gegründet zu haben oder jede Form der Selbstverwirklichung sein. In diesem Sinne lässt sich Erfolg wie folgt formulieren (STUFEN-Definition):

ERFOLG ist die innere ZUFRIEDENHEIT aufgrund von Art und Grad SINN-basierter ZIELERREICHUNG im Hinblick auf die individuelle PERSÖNLICHKEITS-STRUKTUR

Dies gilt auch im Hinblick auf individuelle Lernziele sowie Arbeits- und Aufgabenabläufe. Wer keine Ziele hat, kann seinen Erfolg, sprich den Grad seiner Zielerreichung, nicht erkennen und messen, womit er sich um sein Erfolgserlebnis bringt. In diesem Sinne gilt:

> *Wer das Ziel nicht kennt, wird den Weg nicht finden.*
> (Christian Morgenstern)

Daher ist es Voraussetzung, um den Umgang mit der Zeit durch das Setzen von Prioritäten zu steuern, dass wir unsere Ziele reflektiert und erkannt haben. Ist ein Ziel formuliert, bleibt es vom ersten Schritt bis zur Zielerreichung fokussiert und bestimmt, welche Prioritäten gesetzt werden.

> *Zielgerichtet leben heißt, unsere Fähigkeiten zu nutzen, um die Ziele zu erreichen, die wir gewählt haben [...] Es sind unsere Ziele, die uns weiterbringen, die unsere Fähigkeiten mobilisieren, die uns Auftrieb geben.*[2]
> (Nathaniel Branden)

Doch, was hindert uns daran, ein effektives und effizientes, also optimales Selbst- und Prioritätenmanagement zu praktizieren? Dazu wollen wir nun ein paar Gedanken schriftlich festhalten.

Das Verschriftlichen und Bewusstwerden der Ursache einer Blockade, kann schon der erste Schritt zu einer erfolgreichen Zielerreichung sein.

[2] Nathaniel Branden (1995). Die sechs Säulen des Selbstwertgefühls. Erfolgreich und zufrieden durch ein starkes Selbst. München. S. 152 f.

Was hindert mich daran, optimal – *EffEff* – mit meiner Zeit umzugehen?

____

____

____

3. Ziele: Was und wozu?

Aus der Frage, was wir in unserem Leben erreichen möchten, leiten sich unsere Prioritäten ab. Diese können sich jeweils richten nach:

- ▷ Tageszielen
- ▷ Periodenzielen
- ▷ Lebenszielen

Bedenke dabei den ersten Schritt zur Zielerreichung. Dieser erste Schritt ist oft mit inneren und unbewussten Widerständen behaftet, da es sich oftmals auch um einen Schritt aus der eigenen Komfortzone heraus handelt. Dieser Prozess ist vergleichbar mit einer Kugel, die ins Rollen kommt. Anfangs muss mehr Energie aufgebracht werden, um sie in Bewegung zu setzen, doch nach einer gewissen Zeit rollt sie jedoch nahezu von allein.

Am Anfang das Ende im Auge haben.[3] (Stephen Covey)

[3] Stephen R. Covey (2022). Die 7 Wege zur Effektivität. Prinzipien für persönlichen und beruflichen Erfolg (58. Auflage). Offenbach. S. 116.

Wir formulieren den ersten Schritt konkret und motivierend, aber immer vor dem Hintergrund unserer Ziele. Der Fokus ist dabei ausgerichtet auf unsere Visionen und den damit angestrebten Erfolgen. Doch in welche Richtung soll der erste Schritt getan werden? Welche Ziele passen überhaupt zu mir?

Abbildung 1: Lebens-, Abschnitts- und Tagesziele

Um dazu mehr Klarheit zu bekommen, kann folgendes Gedankenexperiment Aufschluss geben:

Stelle dir vor, in 10 oder 15 Jahren wirst du von einer großen Zeitschrift interviewt. Über dich soll ein Artikel veröffentlicht werden, in dem über deine Erfolge geschrieben wird. Von welchen Erfolgen würde dieser Artikel berichten? Indem man seiner Fantasie freien Lauf gewährt, hört man auf, sich gedanklich zu zensieren. Ein solcher

Artikel muss daher nicht im genauen Wortlaut ausformuliert werden, Stichworte genügen. Entscheidend dabei ist vielmehr, dass du anschließend deine unausgesprochenen, innersten Wünsche erkennen und für dich reflektieren kannst. Beim Schreiben dieses fiktiven Interviews kannst du daher auch gerne übertreiben. Es geht hierbei (noch) nicht darum, dass Ziele realistisch formuliert werden. Sinn dieser Übung ist es, herauszufinden, worauf sich deine intrinsische Motivation richtet, um eine Basis zu schaffen, auf der geeignete, realistische Ziele entwickelt werden können.

Was wäre dir wichtig, was in einem solchen Bericht über dich erwähnt werden würde?

Wir gehen nun noch einen Schritt weiter. Oder besser gesagt, wir gehen einen Schritt zurück. Denn das Verschriftlichen deiner Lebensvision ist lediglich ein Blick in die Zukunft, in die Zeit, die noch kommen soll. Doch auch der Blick in die Vergangenheit, die Zeit, die schon gewesen ist, kann sehr aufschlussreich für das Erkennen sinnbasierter Ziele sein. Dabei soll gezielt reflektiert werden, wo du in deiner individuellen Biografie Antworten darauf finden kannst, welche Ziele für dich persönlich sinnbasierend sind. Die Beantwortung der folgenden Fragen kann dir Aufschluss geben. Schreibe dir zu jeder Aussage circa fünf Stichpunkte auf:

Mit diesen Aktivitäten habe ich häufig gerne meine Zeit verbracht:

Mit diesen Menschen habe ich vielfach die gemeinsame Zeit genossen:

Diese Tätigkeiten oder Interessen haben mich oft so fasziniert, dass ich die Zeit dabei vergessen habe:

Damit würde ich nie wieder meine Zeit verschwenden wollen:

Wichtig ist, die zugrundeliegenden Motive deiner persönlichen Ziele zu erkennen. Ziele werden scheinbar bewusst formuliert. Motive jedoch, also die Beweggründe für die gewünschte Zielerreichung, entstehen oftmals unbewusst aus verschiedenen Bedürfnissen und verinnerlichten Überzeugungen (Glaubenssätzen). Wenn du dir nun die obenstehenden Notizen ansiehst, dann frage dich: Aus welchem Bedürfnis heraus habe ich so gehandelt? Mit welchen Gefühlen waren diese Handlungen verbunden? Hatte deine Erziehung und Sozialisierung Einfluss auf dein Handeln? Du wirst erkennen, dass persönliche Ziele, wie und für was du deine Zeit nutzt, häufig unbewusst durch innere Einstellungen motiviert sind. Dies zu erkennen, ist ein wichtiger Schritt, um das eigene Verhalten proaktiv steuern zu können. Um Zeit sinnbasiert für deine individuelle Definition von Erfolg zu nutzen, bedarf es der Auseinandersetzung mit unbewussten Motiven, um das eigene Verhalten bewusst(er) lenken zu können.

4. Das persönliche Zeitkapital

Unsere Lebenszeit schreitet kontinuierlich voran. Dieser Prozess nimmt, so erschreckend das klingen mag, keine Rücksicht darauf, ob man gerade seine Lebensvision verfolgt oder nicht. »Wie viel Zeit brauche ich für die Realisierung meiner Lebensvision?«, fragst du dich. Die Frage, wofür schwerpunktmäßig Zeit investiert werden sollte und was bis wann erreicht sein soll, stellt sich Tag für Tag. Jeden Tag, heute, morgen und auch künftig gilt immer wieder dieselbe Erkenntnis:

Heute ist der erste Tag vom Rest meines Lebens.

Viele Ziele lassen sich durch optimale Prioritätensetzung mit realistischem Zeitaufwand erreichen. Besonders mittel- oder langfristige Konsequenz und Disziplin spielen dabei eine entscheidende Rolle. Neben der Motivation, dem Willen, ein Ziel zu erreichen, ist auch die Volition,[4] der Wille, alles Notwendige für die Zielerreichung umzusetzen, entscheidend. Wie viel Zeit für das Erreichen eines bestimmten Zieles vonnöten ist, lässt sich daher nicht genau messen. Ein gutes Beispiel dafür sind Gespräche, die darum kreisen, wie lange es dauern würde, eine neue Fähigkeit zu lernen. Häufig ist dann davon die Rede, wie viele Jahre für diesen Lernprozess (normalerweise) benötigt werden. Dies mag zwar nicht falsch sein, bildet jedoch nicht immer konkret die wirklich benötigte Zeit ab. Entscheidend ist vielmehr, wie viel Zeit tatsächlich täglich und wöchentlich für das Erlernen dieser Fähigkeit aufgewandt und ob diese Zeit dann auch effektiv genutzt wurde.

Lebens- und Perioden-Ziele haben großen Anteil an einer ganzheitlichen Lebensgestaltung. Hierbei ist die Einbeziehung der Persönlichkeitsstruktur, auf die wir im Modul II eingehen werden, essenziell. Zur Realisierung deiner Ziele ist es jedoch wesentlich, einen Zeitplan zu erstellen.

Erstelle einen Zeitplan bezogen auf eines deiner Projekte, einer zu erlernenden Fähigkeit oder sonstigen Zielen. Hilfreich ist, eine jeweils sachbezogene, angepasste Tabellenvorlage zu erstellen, die auch zukünftig für weitere Vorplanungen verwendet werden kann. Es ist sinnvoll, am Anfang mit kürzeren Perioden zu arbeiten, Erfahrungen zu sammeln und sie dann sukzessiv zu erweitern. Auf diese Art und Weise kannst du dein Zeitkapital für alle Aktivitäten berechnen (dazu gehört selbstverständlich auch die Freizeit). Vorab zu analysieren und festzulegen, wie viel Zeit für bestimmte Aufgaben zur Verfügung steht und aufgewandt werden kann und soll, bedeutet, die Zielerreichung zu planen. Eine solche Entscheidung ist die notwendige Voraussetzung für eine realistische Tages- und Wochenplanung.

[4] Volition bezeichnet in der Psychologie das willentliche und bewusste Umsetzen von zielgerichteten Handlungen. Dies erfordert eine gewisse Selbststeuerung (»Willenskraft«) gegenüber äußeren Widerständen wie beispielsweise Unlustgefühle.

5. Persönliche Zielsetzung für die Buchlektüre

Um Ziele bewusst visualisieren und deren Erreichung kontrollieren zu können, ist es unabdingbar, diese zu verschriftlichen. Durch Kontrolle und Dokumentation der Zielerreichung kann man den eigenen Erfolg messen und überprüfen. Dazu ist es jedoch – Erfolg ist der Grad der Zielerreichung – sinnvoll und notwendig, eigene Ziele bzw. Erwartungen vorab zu konkretisieren. So kannst du für dich aufschreiben, welche operationalen Ziele du während der Lektüre dieses Buches erreichen möchtest. Ziele sind dann operational, wenn sie sich SMART darstellen bzw. definieren lassen:

Spezifisch: Das Ziel muss konkret und eindeutig definierbar sein

Messbar: Das Ziel muss Erkennungsmerkmale für das Erreichen haben

Aktivierend: Das Ziel muss Sinn stiften, jedenfalls persönlich motivieren

Realistisch: Das Ziel muss sich im Rahmen des Realisierbaren befinden

Terminiert: Das Ziel muss ein festes Datum für das Erreichen haben

Durch das Aufschreiben deiner Ziele wirst du diese, sowohl rational als auch emotional, erkennen und reflektieren können. Dass das Verschriftlichen von Zielen sich hinsichtlich der Zielerreichungen bewährt, konnte von der Psychologin Gail Matthews in einer umfangreichen Studie nachgewiesen werden. Es zeigte sich, dass eine Versuchsgruppe aus Personen, die ihre Ziele verschriftlichten und zusätzlich ihre (Teil-)Erfolge mit engen Freunden teilten, deutlich höhere Erfolge nach einer gewissen Zeit verbuchen konnten als Vergleichsgruppen, die lediglich ihre nicht detailliert verschriftlichten Ziele für sich behielten. Die gesamte Versuchsgruppe zeichnete sich durch hohe Heterogenität aus: Die Teilnehmenden waren zwischen 23 und 72 Jahre alt, gehörten unterschiedlichen Ethnien und Berufsgruppen an und wiesen verschiedene soziale Hintergründe auf. Das Aufschreiben von Zielen und der regelmäßige Austausch mit vertrauten Personen über diese Ziele ist ein effizienter Erfolgsfaktor!

Mit dem Aufschreiben und dem Austausch, ja emotionalen Diskussionen, eröffnen sich neue Perspektiven und Erkenntnisse. Die Neurologen sind sich einig, dass durch das Diskutieren und Wiederholen die Synapsenstruktur im Gehirn erweitert und verstärkt wird, wodurch Informationen leichter memorierbar werden. Aus diesem Grund bietet es sich an, mit anderen Menschen über die eigenen Ziele und Visionen zu diskutieren und sich aus verschiedenen Perspektiven über diese auszutauschen. Hierbei ist erwähnenswert, dass dies nur dann sinnvoll ist, wenn es sich um eine Person handelt, welche die eigene Zielsetzung und den Weg zum Erreichen dieses Zieles respektiert und unterstützt.

Was möchte ich bis zum Abschluss meiner Lektüre erreicht haben?

____

____

____

____

____

6. Faktor Zeit im Lernprozess

Die Gedächtnisforschung hat herausgefunden, dass ein optimales Timing den Lernerfolg enorm steigert. Bereits um 1885 befasste sich Hermann Ebbinghaus, Psychologe und Begründer der experimentellen Gedächtnisforschung, mit der Frage des Lernens und Vergessens. Auch wenn sein Modell schon über 100 Jahre alt ist, sind dessen Grundzüge heute noch relevant.[5] Er fragte sich, wie man die Gedächtnisleistung untersuchen kann, ohne auf vorhandenes Wissen zurückzugreifen und somit Assoziationen auszulösen. Das brachte ihn auf die Idee, Versuche mit sinnlosen Silbenreihen aus einfachen Konsonanten und je einem Vokal in der Mitte durchzuführen. Sie schaffen keine Assoziationen und lösen kein gesteigertes Lerninteresse aus.

Mit dem Ziel, zu ermitteln, wie schnell Erlerntes wieder vergessen wird, hat er dies in bestimmten Zeitabständen systematisch gemessen. Er prägte sich dafür die Silbenreihen so lange ein, bis er sie korrekt wiedergeben konnte und stellte fest, dass:

- ▷ 60 % nach 20 Minuten
- ▷ 45 % nach einer Stunde
- ▷ 34 % nach einem Tag
- ▷ 23 % nach 6 Tagen

von dem Gelernten in Erinnerung bleibt. Auf lange Sicht waren es noch 15 %. Die *Ebbinghaus'sche Vergessenskurve* zeigt den Grad des Vergessens in Abhängigkeit von der Zeit.[6]

[5] Vgl. Helmut E. Lück (2002). Geschichte der Psychologie. Strömungen, Schulen, Entwicklungen (= Grundriss der Psychologie. Bd. 1 = Kohlhammer-Urban-Taschenbücher. Bd. 550). Stuttgart. S. 51–54.

[6] Siehe Hermann Ebbinghaus (1885). Über das Gedächtnis. Untersuchungen zur experimentellen Psychologie. Leipzig.

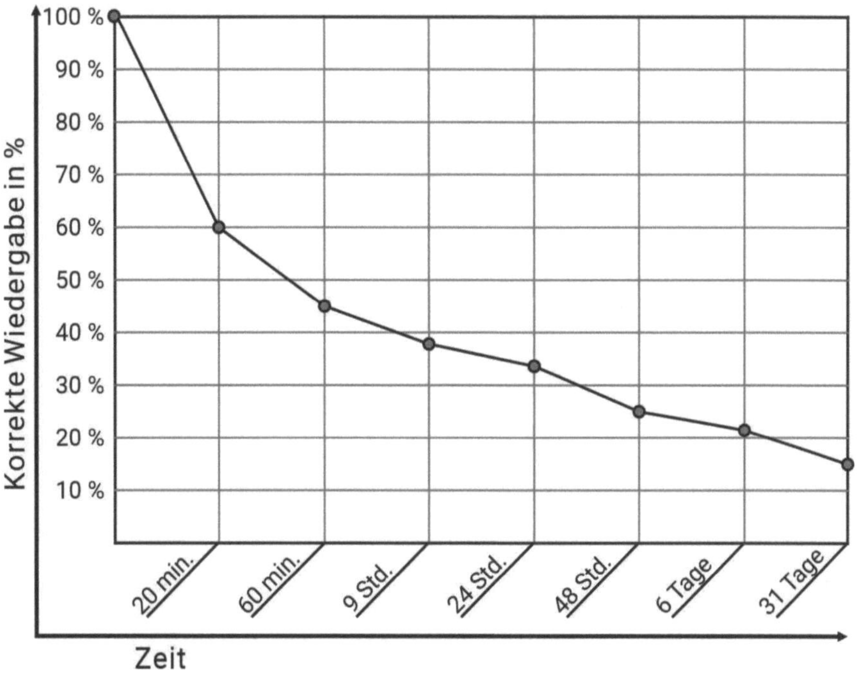

Abbildung 2: Vergessenskurve nach Ebbinghaus

Mit systematischem Wiederholen des Lernstoffes in exponentiell größer werdenden Zeitabständen wird die Vergessenskurve progressiv abgeschwächt. Daher ist Wiederholen am Anfang einer Neubearbeitung am wichtigsten, weil dann die meisten Informationen verloren gehen. So ist es von Vorteil, einen Plan zu entwickeln, dieses Buch mit intervallgesteuerten Wiederholungen zu bearbeiten. Ganz nach dem lateinischen Ausspruch: »Repetitio est mater studiorum«.[7] Die nachstehende Grafik zeigt, wie durch systematisches Wiederholen des Lernstoffes, in immer größer werdenden Zeitabständen, die Vergessenskurve abflacht.

[7] Übersetzt aus dem Latein: »Die Wiederholung ist die Mutter des Studierens«

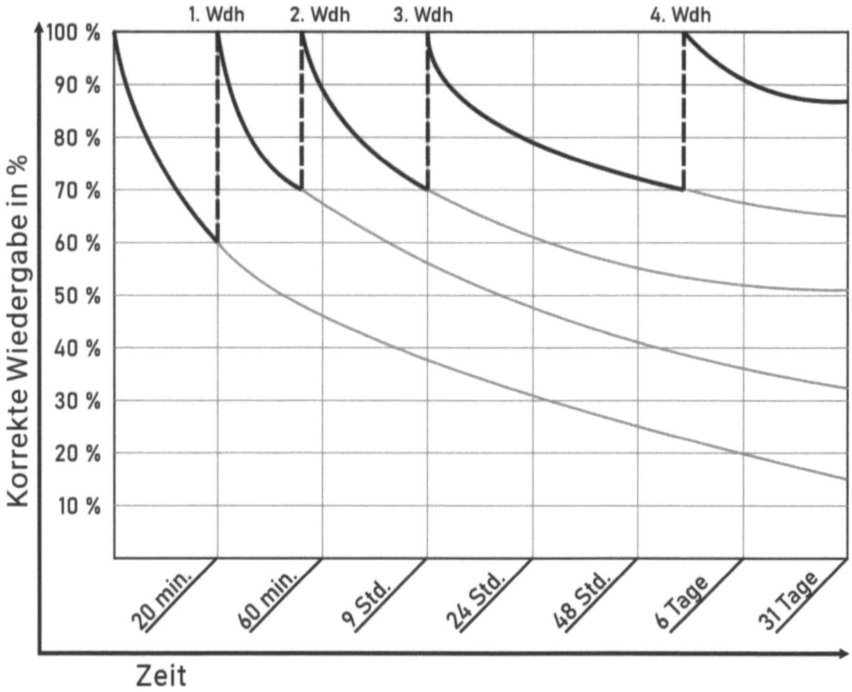

Abbildung 3: Vergessenskurve »abflachen durch Wiederholen«

Die *Ebbinghaus'sche Vergessenskurve* wird nicht nur in der Pädagogik, sondern auch sonst vielfältig genutzt, wie zum Beispiel in der Werbepsychologie. Die Taktung der Werbung wird in ihren Wiederholungen so geschaltet, dass sie im Bewusstsein der Menschen präsent bleibt. Bei neuen Produkten werden Fernsehspots in kürzeren Zeitabständen geschaltet und dann, wenn beim Verbraucher die Vergessenskurve abflacht, in längeren Zeitspannen. Mit einer komplexbildenden Informationsstruktur mit Schlüsselwörtern, Farben, Bildern, etc. erhöht sich das Behaltensvolumen, wobei die spezifische Form der Vergessenskurve erhalten bleibt. In diesem Sinne ist es wichtig, bei der Bearbeitung dieses Buches die für dich wichtigen Informationen verknüpft mit deinem Vorwissen, optimal aufzubereiten und mit intervallgesteuerten Wiederholungen zu verinnerlichen. Es benötigt zwar ein hohes Maß an Zeit und Energie, um ein Fundament an Wissen aufzubauen, gleichzeitig beschleunigt sich der Lernprozess jedes Mal, wenn etwas Neues dazugelernt wurde. An vernetztes Wissen kann leichter und komplexer angeknüpft und aufgebaut werden.

Hirnphysiologisch lässt es sich wie folgt beschreiben: In unserem Gehirnnetzwerk bauen wir neue Nervenverbindungen - Synapsen - auf, die sich bei jeder Aktivierung weiter verzweigen und verstärken, aber bei Nichtaktivierung degenerieren. Mit jeder Aktivierung (Wiederholung) werden die neuronalen Netze wieder verstärkt, womit die Informationen stabilisierend verinnerlicht werden.

Etwas anders, jedoch keineswegs grundlegend verschieden, verhält es sich mit dem Erlernen von Fähigkeiten. Hierbei gibt es abwechselnde Phasen, in denen man zügig Fortschritte durch Übung macht oder die als Stillstand wahrgenommen werden. Nachdem erste Erfolge beim Erlernen einer Fähigkeit eingetreten sind, stagniert der Lernfortschritt, obwohl man dabei ist, die Fähigkeit zu optimieren. Diese Phase wird in der Lernpsychologie als »Lernplateau« bezeichnet und ist Voraussetzung für langfristigen Lernfortschritt. Das Gehirn ist dann damit beschäftigt, den Lernstoff zu verarbeiten und entwickelt in dieser Zeit neue Automatisierungs-Strukturen. Diese sind wichtige Voraussetzungen für den weiteren Lernerfolg und Fundament für die nächsten größeren Fortschritte. Ist das Lernplateau erst einmal durchschritten, läuft viel Erlerntes automatisch ab, ohne dass wir darüber nachdenken müssen. Wir befinden uns in der sogenannten Komfortzone, aus der wir uns herausbewegen müssen, um uns neuen Herausforderungen zu stellen und dazuzulernen.

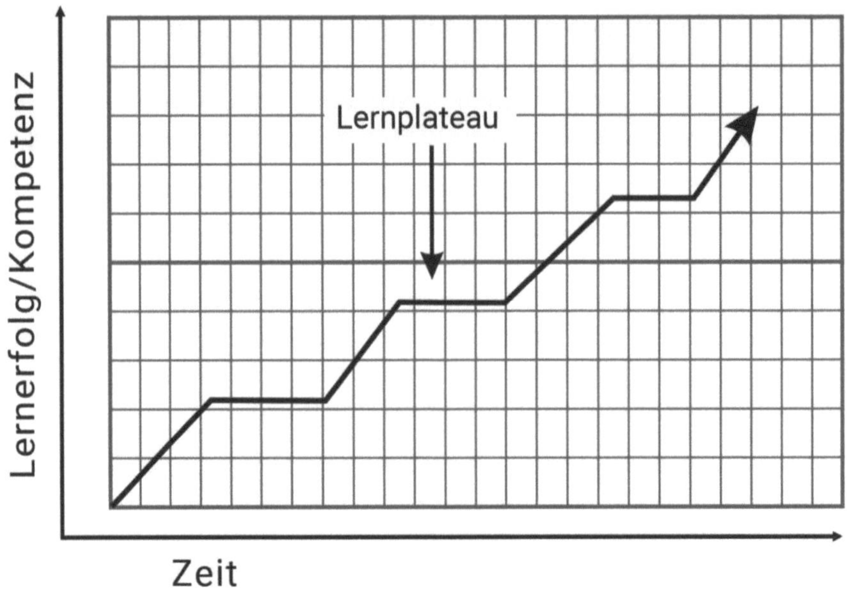

Abbildung 4: Lernplateaus

Im Hinblick auf den Umgang mit der Zeit bedeutet dies, dass der Weg zu Zielen, welche mit dem Erlernen von Fähigkeiten einhergehen, mit Lernplateaus versehen sind, die sich wie Stagnation anfühlen. Für diese Phasen ist es hilfreich, kurze Lernpausen einzuplanen. Der Volksmund sagt: »Ich muss das erst einmal in Ruhe sacken lassen«.

George Burr Leonard beschrieb Lernplateaus sowie den Unterschied zwischen Lernkurven und Wissensbildung erstmals 1991. Seine Beobachtungen stützen sich auf seine Tätigkeiten als Ausbilder von Kampfpiloten im Zweiten Weltkrieg sowie als Motivationstrainer und Aikido-Meister.[8]

Auch Vera F. Birkenbihl, Managementtrainerin und Sachbuchautorin behandelt in ihrem Buch *Stroh im Kopf* im Kapitel »Lernkurve gefällig?« die *Ebbinghaus'sche Vergessenskurve.*[9]

---

[8] George Burr Leonard (1991). Mastery. The Keys to Success and Long-Term Fulfillment. New York.

[9] Vera F. Birkenbihl. Stroh im Kopf & Das innere Archiv. München.

Mit der *Ebbinghaus'schen Vergessenskurve* und dem Lernplateau sind in diesem Buch zwei Lernmechanismen behandelt worden, in denen der Faktor Zeit eine zentrale Rolle spielt.[10]

1. Wir fassen zusammen

- ▷ Der häufige Seufzer »Ich habe keine Zeit« ist sachlich unzutreffend.
- ▷ Prioritäten ergeben sich aus unseren Zielen, aus der Vorstellung, was der Einzelne in seinem Leben erreichen möchte. Daher ist es entscheidend, Prioritäten zu setzen.
- ▷ Das Aufschreiben von Zielen ist essenziell! Ziele sollten SMART formuliert werden.
- ▷ Die Reflexion deiner Ziele hilft, langfristig passende Entscheidungen zu treffen.
- ▷ Wie mit systematischen intervallgesteuerten Wiederholungen der Buchinhalt stabil verinnerlicht wird.
- ▷ Auch Lernplateaus sind ein wichtiger Teil des Lernprozesses.

[10] Weitere nützliche Lerntools findest du im STUFEN-Band 3: *Erfolg durch Lernen lernen -individuell-optimal-*

Selbsteinschätzung als Ausgangsbasis:

Zur aktuellen Bestandsaufnahme kreuze bitte nachfolgend an, wie du dein Wissen und Können im Hinblick auf dein Prioritätenmanagement einschätzt.

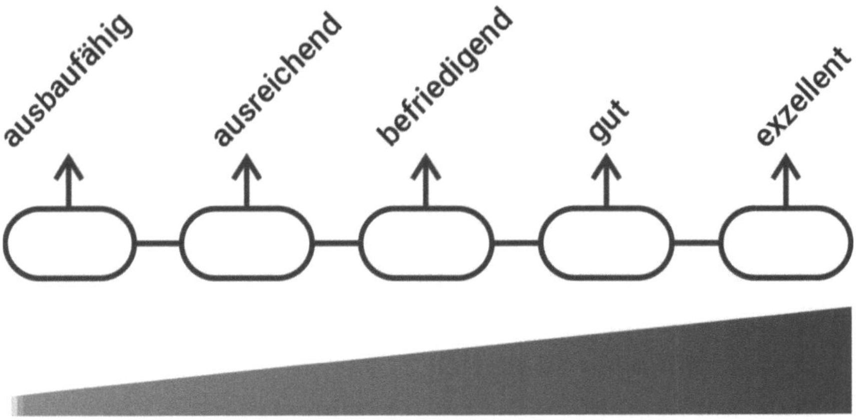

Abbildung 5: Selbsteinschätzung aktuell

Nach deiner Bearbeitung des Buches hast du in Modul 8 die Möglichkeit, deine Entwicklung im »*EffEff*-Umgang mit der Zeit« einzuschätzen. Diese Erfolgserlebnisse werden deine Weiterentwicklung beflügeln und anregen, sich weiter mit diesem Thema nutzbringend zu beschäftigen. Hierbei ist es am wirkungsvollsten zu erarbeiten, wo deine größten Engpässe (EKS©)[11] mit dem größten Erfolgspotenzial sind, um dein Prioritätenmanagement daran auszurichten.

[11] Siehe Modul IV.

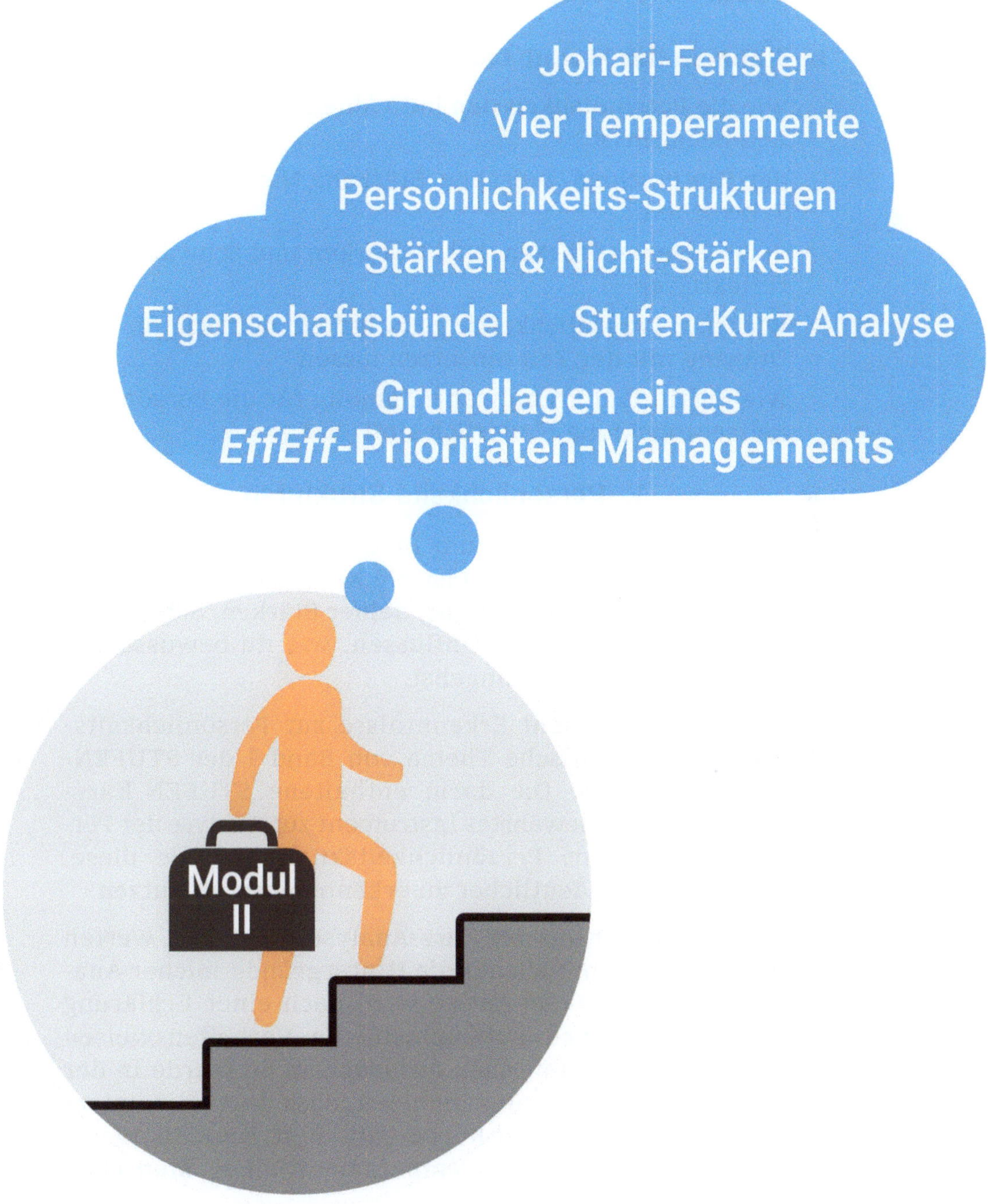

Johari-Fenster
Vier Temperamente
Persönlichkeits-Strukturen
Stärken & Nicht-Stärken
Eigenschaftsbündel
Stufen-Kurz-Analyse
Grundlagen eines *EffEff*-Prioritäten-Managements
Modul II

Modul II Persönlichkeit und Umgang mit der Zeit

Im Rahmen der Modul-Lernziele erfährst du

- wie die Persönlichkeit den individuellen Umgang mit der Zeit beeinflusst
- den Unterschied zwischen Stärken, Nicht-Stärken und Schwächen
- deine eigenen Stärken, Nicht-Stärken und Schwächen zu reflektieren
- wie sich Persönlichkeitseigenschaften nützlich für den Umgang mit der Zeit einsetzen lassen
- wie Eigen- und Fremdwahrnehmung für die Persönlichkeitsentwicklung förderlich sind

1. Persönlichkeits-Strukturen

Eine wichtige Grundlage zum Erreichen deiner Ziele und damit des geplanten Erfolgs ist die Kenntnis deiner individuellen Persönlichkeitsstruktur, deiner Stärken, Schwächen und Fähigkeiten. Diese beeinflussen, wie du bewusst und unbewusst mit der Zeit umgehst.

Dieser Band bezieht Erkenntnisse zur Persönlichkeitsstruktur, das spezifische Thema von Band 1 der STUFEN-Schriftenreihe, ein. Die darin enthaltene STUFEN-Kurz-Analyse (SKA), ein bewährtes Instrument zur Analyse der Persönlichkeitsstruktur. Persönlichkeitsanalysen, wie diese, helfen, Potenziale deutlicher zu erkennen und zu nutzen.

Doch bevor wir uns der Kurz-Analyse zuwenden, werfen wir zunächst einen Blick auf die Hintergründe solcher Analyseverfahren. Seit der Antike wird nach einer Erklärung gesucht, warum sich unterschiedliche Verhaltensweisen bei verschiedenen Menschen ausdrücken. So wurde in der antiken Vielsaft-Lehre angenommen, dass durch die unterschiedliche Verteilung der Körpersäfte Blut, Schleim, Weißgalle und Gelbgalle das Temperament eines Menschen geprägt werde.[12] Sobald im Körper einer dieser Säfte zu hoch dosiert sei, würde sich dies negativ auf das Gemüt auswirken. Diese Annahme hielt sich bis ins 19. Jahrhundert, als sie durch die von Rudolf Virchow geprägte Zellularpathologie überholt wurde. Heute werden Persönlichkeitseigenschaften insbesondere in der Differenziellen- und Persönlichkeitspsychologie erforscht.[13]

Eine pragmatische, von der antiken Temperamentenlehre inspirierte Persönlichkeitsanalyse, legte William M. Marston mit dem DISC-Modell in seiner Publikation *Emotions of Normal People* vor, welches im deutschsprachigen Raum in den 1990er Jahren als DISG bekannt wurde. Daneben existiert eine Vielzahl an Persönlichkeitsanalysen mit unterschiedlichen Schwerpunkten. Anzumerken ist, dass das Big-Five-Persönlichkeitsinventar als einziges von der empirischen psychologischen Forschung angewendet wird. Jedoch sind Persönlichkeits-Analysen, wie beispielsweise der Myers-Briggs-Type-Indicator (MBTI), für die konkrete Anwendung konzipiert und erfordern teils eine tiefergehende und zeitintensive Auseinandersetzung. Das DISG-Modell, auf dem die Stufen-Kurz-Analyse basiert, bietet sich hingegen für eine schnelle und gleichzeitig effektive Anwendung an. Das DISG-Modell unterscheidet zwischen vier Eigenschaftsbündeln, die sich aus zwei polaren Eigenschaften ergeben:

- Extroversion versus Introversion
- Aufgabenorientierung versus Beziehungsorientierung

[12] Die Viersäftelehre wird dem griechischen Arzt Hippokrates von Kos (ca. 460–370 v. Chr.) zugeschrieben. Diese Lehre wurde durch Galenos von Pergamon (2. Jahrhundert n. Chr.) mit den vier Temperamenten verknüpft.

[13] Die Differenzielle Psychologie vergleicht vor allem einzelne Personen oder Gruppen hinsichtlich ihrer Persönlichkeitseigenschaften, während die Persönlichkeitspsychologie sich individuellen Eigenschaften der Persönlichkeit widmet.

Bei Extrovertierten ist der Fokus stark auf Vorkommnisse in ihrer unmittelbaren Umgebung ausgerichtet, während Introvertierte hingegen die Dinge vorzugsweise aus einem persönlichen, subjektiven Standpunkt betrachten. Extrovertiert veranlagte Menschen tendieren dazu, offen und spontan auf andere zuzugehen. Introvertierte hingegen verhalten sich zunächst zurückhaltend und abwartend. Menschen mit ausgeprägter Aufgabenorientierung wollen zunächst das Sachliche klären. Beziehungsorientierte Menschen fokussieren sich hingegen zunächst auf das Zwischenmenschliche. Kombiniert man diese Eigenschaften, erhält man vier Typen:

- **Dominant**
  extrovertiert und aufgabenorientiert
- **Initiativ**
  extrovertiert und beziehungsorientiert
- **Stetig**
  introvertiert und beziehungsorientiert
- **Gewissenhaft**
  introvertiert und aufgabenorientiert

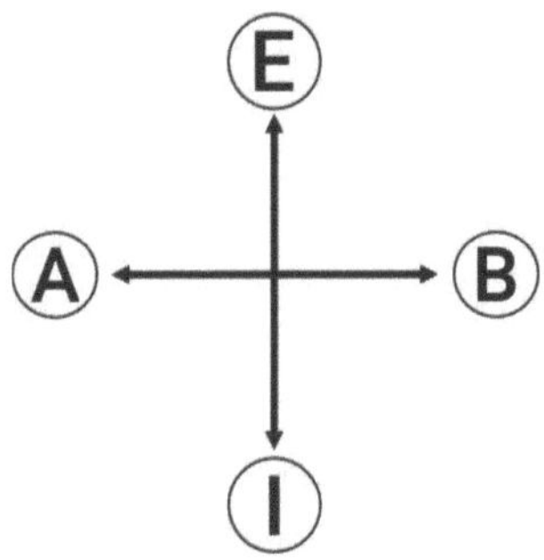

Abbildung 6: Konzept des Vier-Quadranten-Modells

In der nachstehenden Grafik werden die vier Eigenschaftsbündel sowie einige typische Attribute, die keineswegs den Anspruch auf Vollständigkeit erheben, dargestellt.

Abbildung 7: Eigenschaftsbündel

Diese Eigenschaftsbündel sind in deinem Wesen stark (mindestens über 26 %) oder weniger stark (mindestens unter 24 %) ausgeprägt. Womöglich wird dich die Verteilung nicht besonders wundern, denn sie spiegelt deine Verhaltensweisen und Gewohnheiten wider.

Eine Veranschaulichung der vier Temperamente in Form typischer Aussagen:

ROT	Ergebnisorientierter Pragmatiker: »Was muss gemacht werden? Lohnt es sich? Kommen wir zurück zur Sache.«
GELB	Erlebnisorientierter Kreativer: »Gefällt es euch allen? Wo bleibt der Applaus?«
GRÜN	Harmonieorientierter Unterstützer: »Wie kann ich überhaupt und am besten helfen? Kommt ihr alle damit zurecht?«
BLAU	Qualitätsorientierter Analytiker: »Funktioniert das so? Kann man das bei Rückfragen belegen?«

2. Stufen-Kurz-Analyse (SKA)

Auf der Website der STUFEN-Stiftung

https://ska.stufenzumerfolg.de

hast du die Möglichkeit, die volle individuelle STUFEN-Kurz-Analyse (SKA) durchzuführen. Diese ist insbesondere hilfreich, zu reflektieren und zu erkennen, welche Stärken du vermehrt in deinem Alltag einsetzen, wie du andere Personen unterstützen kannst und welche Methoden speziell für dich *EffEff* sind.

3. Nicht-Stärken versus Schwächen

Bei den Auswertungen der SKA zeigt sich in der Regel, dass ein bis zwei Eigenschaftsbündel, in welchen die Stärken liegen, besonders ausgeprägt sind. In dem Bündel, das am wenigsten ausgeprägt ist, liegen die Nicht-Stärken, welche allerdings keineswegs mit Schwächen zu verwechseln sind! Oft halten wir unsere Nicht-Stärken für Schwächen. Jedoch sind die eigentlichen Schwächen Stärken, die entweder übertrieben ausgelebt oder in unpassenden Situationen ausgespielt werden. Wer beispielsweise über ein ausgeprägtes Durchsetzungsvermögen verfügt, kann – in übertriebener Ausprägung – zu Arroganz und Ellenbogenmentalität neigen, was sich bei Situationen, in denen Kommunikation auf Augenhöhe hilfreich ist, als problematisch erweisen kann.

Für die Stufen-Kurz-Analyse gelten folgende Grundsätze:

- ▷ jeder verfügt über alle menschlichen Potenziale mit den individuellen Stärken sowie Nicht-Stärken
- ▷ durch die unterschiedliche Verteilung von Stärken unterscheiden sich die verschiedenen Persönlichkeitstypen voneinander
- ▷ Stärken-Präpositionen werden auch genetisch weitergegeben und können sich je nach Umfeld unterschiedlich entfalten
- ▷ Schwächen stellen eine Übertreibung der Stärken dar, was als störend empfunden werden kann
- ▷ Schwächen sind explizit das Gegenteil von Nicht-Stärken

Wer seine eigenen Stärken kennt und reflektiert, kann diese zielgerichteter für sich einsetzen und auch anderen Unterstützung bieten. Gleichzeitig können diese Erkenntnisse zu einer wertschätzenden Kommunikation beitragen, indem Stärken und Bedürfnisse anderer Menschen leichter erkannt werden.

Gott gebe mir die Gelassenheit,
Dinge hinzunehmen, die ich nicht ändern kann,
den Mut, Dinge zu ändern, die ich ändern kann,
und die Weisheit, das eine vom anderen zu unterscheiden.

(Reinhold Niebuhr)

4. Johari-Fenster

Nicht immer sind wir uns all unserer Stärken und Nicht-Stärken bewusst. Das *Johari-Fenster* ist ein Werkzeug, das dabei hilft, die Eigen- und die Fremdwahrnehmung abzugleichen. Das *Johari-Fenster* wurde 1955 von den Sozialpsychologen Joseph Luft und Harry Ingham entwickelt. Ihr Ziel war, innerhalb von Gruppen oder Teams Stärken und Schwächen zu erkennen, um die Verständigung zu verbessern. Der Name des Modells ist aus den Abkürzungen ihrer Vornamen entstanden. In dem Kommunikationsmodell werden die Unterschiede zwischen dem, was wir über uns selbst wissen, und dem, was andere über uns denken, aus der Ich- und Außen-Perspektive visuell dargestellt. Wir lernen dadurch, unsere bewussten und unbewussten Persönlichkeits- und Verhaltensmerkmale besser zu erkennen, indem wir Selbst- und Fremdwahrnehmung abgleichen.[14]

Mit dem *Johari-Fenster* kann die zwischenmenschliche Kommunikation reflektiert und somit verbessert werden. Wenn du weißt, wie du auf andere wirkst, kannst du auch deren Verhalten dir gegenüber besser einordnen. Es entwickelt sich ein größeres Vertrauen, was die Zusammenarbeit optimalisiert. Dieses Modell wird in zahlreichen Firmen eingesetzt, um die Kommunikation zu optimieren.

Wer sich seiner Außenwirkung bewusst werden möchte, sollte sich Feedback zu seinen Stärken und Schwächen in seinem Umfeld einholen. Wohlwollendes Feedback im Geben und Nehmen gehört zu einem funktionierenden Berufsumfeld und jeder zwischenmenschlichen Beziehung. Das *Johari-Fenster* ist dabei ein einfaches Werkzeug, mit einem ehrlichen Feedback seine Persönlichkeit in eine positive Richtung zu entwickeln.

---

[14] Joseph Luft & Harry Ingham (1955). The Johari window, a graphic model of interpersonal awareness. In: *Proceedings of the western training laboratory in group development*. Los Angeles.

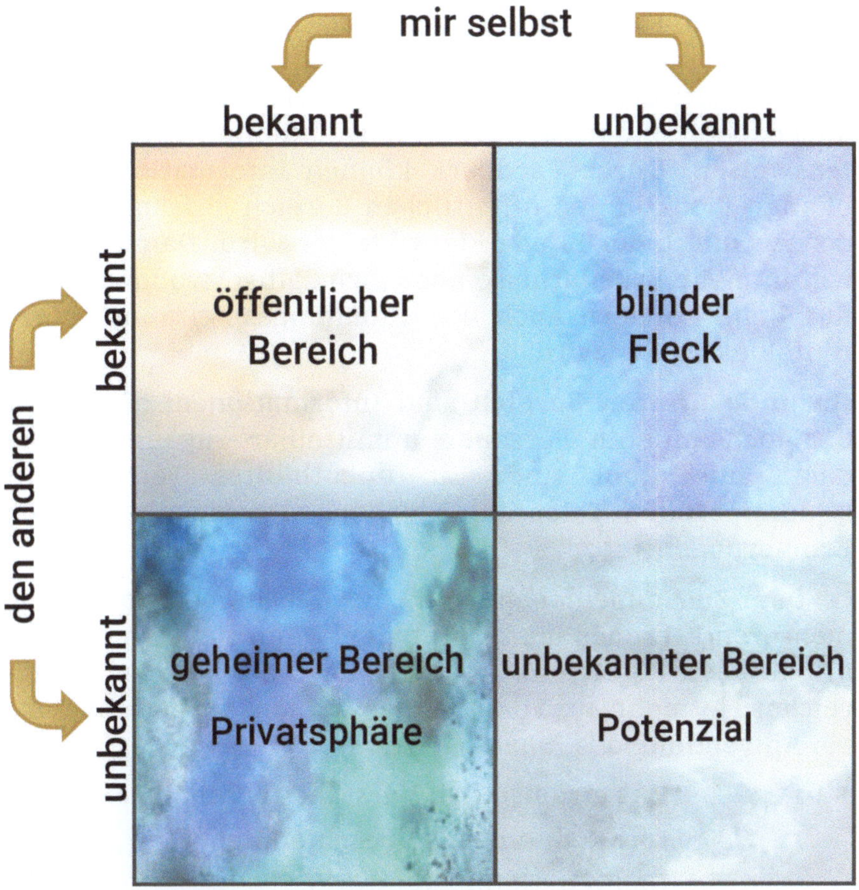

Abbildung 8: Johari-Fenster

Im öffentlichen Bereich sind Informationen über dein Verhalten, deine Motivationen, alles was du von dir preis gibst und damit dir und anderen bekannt, also »öffentlich« ist. Dazu gehören auch Erscheinungsbild, Umgangsformen, nonverbale Kommunikation, etc.

Im geheimen Bereich sind Dinge, die nur du kennst, aber vor anderen bewusst und unbewusst verborgen hältst. Je mehr du dich öffnest, je kleiner wird dieser Bereich zugunsten des öffentlichen Bereichs. Natürlich bleibt hier immer ein Areal, das keinen etwas angeht.

Im blinden Fleck sind Eigenschaften, Verhaltensweisen, Merkmale und Fähigkeiten, die andere von dir wahrnehmen, dir selbst jedoch nicht bewusst sind. Dazu gehören unbedachte und unbewusste Gewohnheiten und Verhaltensweisen. Durch Feedback können Informationen vom blinden Fleck in den öffentlichen Bereich geschoben werden, wodurch der blinde Fleck kleiner wird. Damit gewinnst du mehr Erkenntnisse über dich selbst, wodurch nicht nur dein, sondern auch der Handlungsspielraum deines Umfeldes größer wird.

Im unbekannten Bereich sind Informationen, die weder dir noch anderen Personen unmittelbar zugänglich und damit unbekannt sind: Ein unenthülltes Terrain mit schlummernden Talenten, Begabungen und unbewussten Erinnerungen.

Das Zusammenleben und die Zusammenarbeit von mehreren Personen läuft optimaler, wenn sie jeweils ihren öffentlichen Bereich aktiv vergrößern. Sie werden erfolgreicher, je mehr sie voneinander wissen. Insgesamt wird bei Anwendung des *Johari-Fensters*:

- ▷ Das gegenseitige Verständnis erhöht
- ▷ Das Kennenlernen beschleunigt
- ▷ Das Wir-Gefühl verstärkt
- ▷ Das Handeln der Personen transparenter
- ▷ Die Selbst-Erkenntnis zunehmen

Teilnehmer wechselnder Arbeits- und Projektgruppen kommen mit einem Blick durch das *Johari-Fenster* schneller in einen harmonischen und erfolgreichen Arbeitsrhythmus.

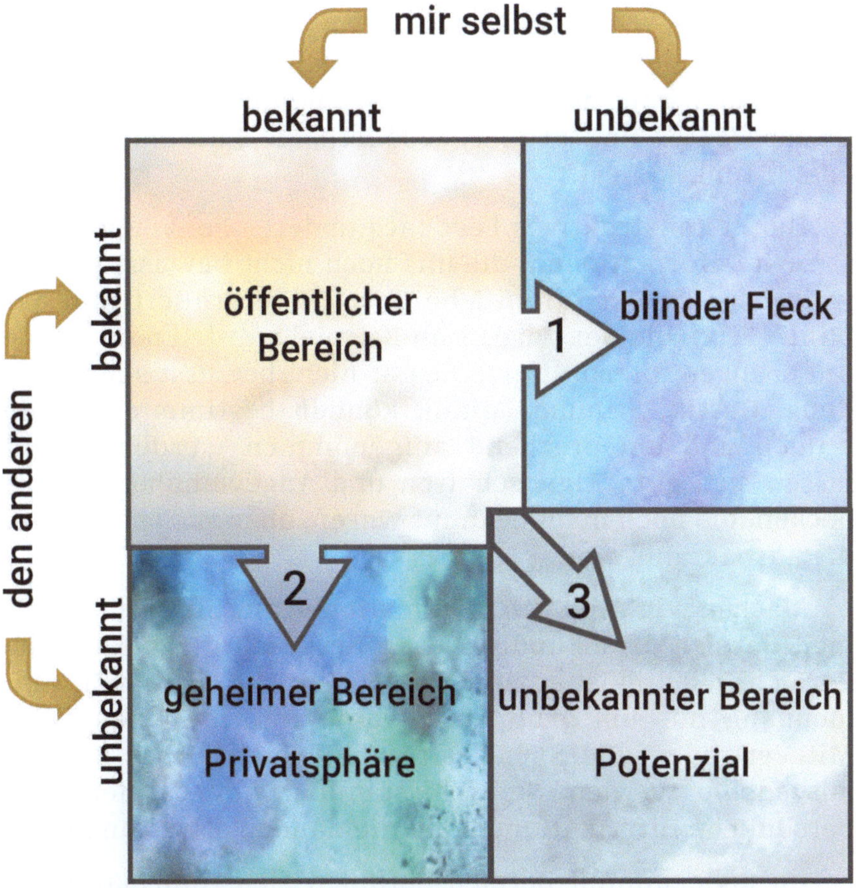

Abbildung 9: Johari-Fenster mit Quadrantenverschiebung

1 Erkenntnisse über die eigene Person durch Feedback einholen. Der öffentliche Bereich wird größer, der blinde Fleck kleiner

2 Teile von Informationen aus dem geheimen Bereich offenkundig machen. Der öffentliche Bereich wird größer, der geheime Bereich kleiner

3 Neue, unbekannte Potenziale durch Erkunden und Ausprobieren erschließen. Der unbekannte Bereich wird kleiner

Wird der öffentliche Bereich vergrößert, wissen die Gruppen- oder Teammitglieder mehr voneinander. Die Gruppendynamik, der gemeinsame Handlungsspielraum wird transparenter und größer, wodurch die Zusammenarbeit besser funktioniert.

Durch konstruktives Feedback anderer Personen erhalten wir Informationen, die uns noch nicht bewusst waren, wodurch sich der öffentliche Bereich vergrößert und der blinde Fleck kleiner wird. Zum Beispiel werden nonverbale Äußerungen interpretiert, die gar nicht bewusst sind. Kleidung, Gestik, Stimme, Mimik können bestimmte Signale senden und entsprechend aufgenommen werden. Damit lassen sich gute Eigenschaften und Angewohnheiten entdecken, die noch nicht bekannt waren, aber auch schlechte, die ausbaufähig sind.

Machen wir Teile von Informationen aus unserem geheimen Bereich offenkundig, vergrößert sich der öffentliche Bereich. Wichtig ist anzumerken, dass es in diesem Zusammenhang nur um gruppenrelevante Informationen geht. Mit Vertrauen und Sicherheitsgefühl kann dieser Bereich ausgedehnt werden. Selbstverständlich gibt es hier auch persönliche Informationen, die niemanden etwas angehen.

Im unbekannten Bereich befinden sich Informationen, die weder uns selbst noch anderen Personen bekannt sind. Das können verborgene Talente und Begabungen sein, aber auch unbewusste Erinnerungen, die einfach noch nicht entdeckt wurden. Hier befinden sich auch Glaubenssätze, nach denen wir unser Handeln und Leben unbewusst ausrichten. Eine Möglichkeit, diesen Bereich ins Bewusste zu holen ist die Offenheit, Neues und Unbekanntes auszuprobieren.

Führe Gespräche im vertrauten Umfeld über deinen blinden Fleck und schreibe Punkte auf, an denen du arbeiten wirst.

Schreibe Punkte auf, die andere nicht über dich wissen und die Zusammenarbeit verbessern können. Überlege, wie du sie im Rahmen einer Selbstoffenbarung öffentlich machen willst.

5. Persönlichkeitsspezifische Zeitfallen

Im Hinblick auf den Umgang mit der Zeit, bringen alle vier Temperamente besondere Stärken mit, die in übertriebener Form zur Schwäche werden können. Nachfolgend findest du typische Stärken und Schwächen/übertriebene Stärken, und wie sich diese hinsichtlich des Prioritätenmanagements auswirken können. Sicherlich wirst du auch darüber hinaus weitere Stärken und Schwächen bei dir erkennen.

Bedenke auch, dass vor allem deine übertriebenen Stärken, die zu Schwächen werden können, für dein Umfeld Zeiträuber und für dich Zeitdiebe darstellen können:

	Stärken	**Schwächen = übertriebene Stärken**
Rot	Ziel- und ergebnisorientiert, setzt Prioritäten, konsequente Umsetzung	Zu bestimmend und direkt im Team, will alles kontrollieren
Gelb	Spontan und flexibel, kommunikativ, kreativ	Verzettelt sich, sprunghaft, zerstreuter Fokus, redet viel
Grün	Zuverlässig, hilfsbereit, kompromissfähig, einfühlsam	Vernachlässigt eigene Prioritäten, will es allen recht machen, blockiert Entscheidungen
Blau	Qualitätsbewusst, ordnungsliebend	Detailversessen, pedantisch, zu perfektionistisch

Durch Übertreibung einzelner Eigenschaften kann aus einer wertvollen Stärke eine störende Schwäche werden, die den möglichen Erfolg behindern kann und vor allem unsere Umwelt stört bzw. irritiert. Beispielsweise kann eine übertriebene

- ▷ Durchsetzungsstärke zu Rücksichtslosigkeit führen.
- ▷ Vielseitigkeit Entscheidungsunfähigkeit verursachen.
- ▷ Hilfsbereitschaft ein Helfersyndrom fördern.
- ▷ Genauigkeit zu Perfektionismus verleiten.

Setzt gut Prioritäten und arbeitet zielgerichtet; kann in Teams an die notwendige Disziplin zur Zielerreichung appellieren und Strukturen setzen.

Wirkt mit seiner hohen Begeisterungs- und Anpassungsfähigkeit aktiv in unterschiedlichen Projekten mit; setzt seine kommunikativen und visionären Fähigkeiten für ein motivierendes und aktivierendes Teamumfeld ein.

Arbeitet kontinuierlich, hat eine ausgleichende Art; sorgt in Teams für Harmonie, die sich langfristig für alle positiv auswirkt.

Nimmt sich aufgrund des ausgeprägten, qualitätsorientierten Denkens Zeit, um Konzepte gründlich zu durchdenken und zu planen.

Um spezifisch deine persönlichen Stärken besser zu erkennen, nutze die nachstehende Tabelle. Du kannst diese zusammen mit einer dir vertrauten Person ausfüllen, welche dir, am besten unabhängig von deiner Selbstwahrnehmung, ihre Fremdwahrnehmung mitteilt. Gemeinsam dieses Thema zu reflektieren, und sich gegenseitig Feedback auf die wahrgenommenen Stärken, Nicht-Stärken und Schwächen zu geben, kann zu sehr aufschlussreichen und bereichernden Gesprächen führen.

	Meine drei größten ...		
	Stärken	Nicht-Stärken	Schwächen
Eigen-Wahrnehmung			
Fremd-Wahrnehmung			

Wichtig ist zu lernen, die gegebenen Stärken zu erkennen und zu nutzen, wie auch die Nicht-Stärken anzunehmen. Dauerhaft solltest du deine eigenen, veränderbaren Schwächen keinesfalls als gegeben und unveränderbar betrachten.

Jeder Mensch verfügt über alle Eigenschafts-Bündel, jedoch in unterschiedlich starker Ausprägung, was durch die SKA dargestellt wird. Wer im Umgang mit sich selbst, mit Mitmenschen in Familie und Beruf in seinem Denken und Handeln die menschlichen Eigenschafts-Bündel berücksichtigt, lebt harmonischer und erfolgreicher.

Zu deinen Stärken zählen natürlich auch eine Vielzahl an Fähigkeiten und Eigenschaften, welche deinen Umgang mit der Zeit beeinflussen. Notiere, auf welche fünf Fähigkeiten und Eigenschaften du stolz bist:

1 ______________________________

2 ______________________________

3 ______________________________

4 ______________________________

5 ______________________________

Notiere dir konkrete Situationen und Handlungen, wo du diese Fähigkeiten und Eigenschaften hinsichtlich deines Umgangs mit der Zeit nutzen kannst:

____

____

____

____

____

2. Wir fassen zusammen

- ▷ Alle Menschen verfügen über individuelle Potenziale und Stärken, die sich durch Persönlichkeitsanalysen, wie beispielsweise mit der Stufen-Kurz-Analyse veranschaulichen lassen.
- ▷ Alle Menschen können erfolgreich und intrinsisch (von innen heraus) motiviert sein, soweit sie ihre persönlichen Potenziale situativ erkennen und angemessen einsetzen!
- ▷ Jeder Mensch mitsamt seinen Potenzialen ist einzigartig und wertvoll.
- ▷ Werden Stärken in übertriebener Weise ausgelebt, können diese zu Schwächen werden.
- ▷ Nicht stark ausgeprägte Potenziale sind Nichtstärken, die bei Bedarf trainiert werden können.
- ▷ Gespräche mit vertrauten Menschen können dabei helfen, Potenziale besser zu erkennen, die sich in einem blinden Fleck entwickelt haben.

Sägeblatt-Effekt
Mythos Multitasking
Bottleneck-Theorie
Single-Tasking
Typische Zeitdiebe
Zeitverwendungs-Analyse
Zeit-Fallen
Ursachen und Vermeidung
Modul
III

Modul III Zeitfallen: Ursachen und Vermeidung

Im Rahmen der Modul-Lernziele erfährst du

- wie du deinen persönlichen Zeitaufwand analysieren kannst
- wo deine größten Zeiteinbußen und wer deine größten Zeitfresser sind
- anhand eines Beispiels, wie viel Zeit durch einen unreflektierten Alltag verloren geht
- konkrete Methoden, um deine Zeit optimaler zu nutzen
- mit welchen Bearbeitungsprozessen du deine Aufmerksamkeit bestmöglich nutzen kannst

1. Was sind meine Zeitfallen?

Wir machen oftmals die Erfahrung, dass wir für bestimmte Aufgaben und Tätigkeiten zu viel Zeit aufwenden, wodurch unsere Zielerreichung unter Zeitdruck gerät. Oder wir haben sogar das Gefühl, dass uns die Zeit abhandengekommen ist und wir diese für nichts Sinnerfüllendes genutzt haben. Obwohl du dich mit deinen persönlichen Zielen auseinandergesetzt hast, ist die Zeit für die Umsetzung oft zu knapp. Deshalb ist das Beobachten des persönlichen Umgangs mit der Zeit hilfreich, um ein Grundverständnis für den individuellen Umgang mit der Zeit aufzubauen. Die Aussage, »Jedem Menschen stehen täglich exakt 24 Stunden Zeit zur Verfügung«, muss daher noch ergänzt werden: Es stehen täglich 24 Stunden Zeit zur Verfügung abzüglich der Zeit, die von Zeitfressern genommen wird. Zeitfresser nehmen uns Zeit weg und verursachen ein Abschweifen auf unserem Weg. Zeitfresser können auch Zeitdiebe, Zeiträuber oder auch Zeitfallen sein. Während Diebe oder Räuber einem bewusst die Zeit stehlen, tappt man durch das eigene Verhalten in eine Falle.

Vor externen Zeitdieben können wir uns zumindest bis zu einem gewissen Grad schützen. Wir jedoch die Möglichkeit haben, die Zeitfallen, in welche wir durch unser Verhalten tappen, durch Selbstkontrolle zu vermeiden.

2. Studentenalltag Paul Schneider

Im nachfolgenden Beispiel werden wir den fiktiven Tagesablauf eines Studenten analysieren und dabei offenlegen, wie und welche Zeitfresser seine Zielerreichung drosseln. Völlig unabhängig davon, ob die vorgestellte Tagesstruktur deiner ähnelt, wirst du sicherlich einige Zeitfallen erkennen. Da es oft einfacher ist, Fehler bei anderen zu erkennen, bietet es sich an, anhand eines bewusst überspitzten Beispiels zu analysieren, in welche Zeitfallen wir tagtäglich hineintappen können und damit die persönliche Zielerreichung ausbremsen. Unser Beispiel ist der fiktive Student Paul Schneider:

Paul Schneider, 22 Jahre alt, Student im 5. Semester im Studiengang Management und Medien, hat fast immer einen ausgefüllten und arbeitsreichen Tag. Oftmals hat Paul allerdings am Abend das Gefühl, zwar den ganzen Tag gearbeitet, aber nichts Effektives geleistet zu haben.

Schauen wir uns einen solchen Tag einmal an:

Montag ist der vorlesungsfreie Tag von Paul, den er für die Nachbereitung von Vorlesungen und Seminaren sowie für die Vorbereitung auf Klausuren auch wirklich braucht.

Am Sonntag hat er bis 24:00 Uhr in einer Kneipe gejobbt und kam daher erst gegen 01:00 Uhr ins Bett und schlief bis 10:00 Uhr. Nachdem er aufgestanden war, fühlte er sich jedoch keineswegs ausgeschlafen, sondern eher müde und zerschlagen.

Nach dem Frühstück verbrachte er noch eine Weile damit, durch die neusten Posts auf Social Media zu scrollen und nahm schließlich gegen 11:00 Uhr wichtige Organisationsarbeiten auf.

Paul entschied sich spontan, im Copy-Shop in der Innenstadt dringend benötigte und auch einem Kommilitonen zugesagte Kopien zu erstellen.

Auf dem Weg dorthin (ca. 8 Min.) traf er in der Fußgängerzone einen guten Bekannten, den er längere Zeit nicht gesehen hat. Sie unterhalten sich über Dies und Das, Wichtiges und Unwichtiges. Darüber vergaß Paul völlig die Zeit. Als er endlich auf seine Uhr schaute, bemerkte er, dass es mittlerweile bereits kurz vor 12 Uhr war. Er verabschiedete sich abrupt von seinem Bekannten und eilte nun schnellen Schrittes zum Copy-Shop. Dort angekommen, war die Eingangstür verschlossen. Auf einem Schild entdeckte er den Hinweis auf die Mittagspause von 12:00 – 13:00 Uhr.

Ärgerlich über diesen Service-Mangel beschloss er, in der Zwischenzeit in seiner Stammkneipe eine Kleinigkeit zu essen. Auch dort traf er wieder einige Bekannte. Man aß etwas und unterhielt sich angeregt.

Gegen 13:15 Uhr verließ Paul die nette Umgebung und machte sich nun zum zweiten Mal auf den Weg zum Copy-Shop. Dort herrschte großer Andrang. Er musste ca. 15 Minuten warten, bis er zum Kopieren kam.

Auf dem Heimweg wollte er dann bei seinem Kommilitonen Franz Flott vorbeigehen, um ihm die versprochenen Kopien zu bringen. Franz war jedoch schon in seiner Statistik-Vorlesung, was Paul unterwegs erfuhr, als er ihn im Messenger kontaktierte. Die beiden diskutierten noch einige Minuten darüber, dass man einfach zu wenig Zeit habe. Dann machte sich Paul auf den Heimweg.

Gegen 14:40 Uhr zu Hause angekommen, fing Paul sofort an, seine Kopien zu lochen und in die entsprechenden Ordner zu sortieren. Beiläufig schaute er auf die Uhr und sah, dass es 15:20 Uhr war und in 10 Minuten ein Online-Meeting für ein anderes Seminar beginnen würde. Schnell beendete er seine Aufräumarbeiten und setzte sich vor den Laptop.

Das Meeting hatte gerade pünktlich um 16:00 Uhr geendet, als das Smartphone klingelte und seine Freundin Eva anfragte, ob man abends um 20:15 Uhr ins Kino gehen wolle. Paul könne auch etwas früher kommen, da sie sich schon drei Tage nicht mehr gesehen hatten.

Paul berichtete seiner Freundin schon vorab in einigen Messenger-Nachrichten ausführlich, wie verkorkst sein Vormittag verlaufen war und dass Franz jetzt wohl sauer wäre. Da er mit Eva ohnehin einmal ausführlich über die Ursachen seiner Unzufriedenheit sprechen wollte, stimmte er ihrem Vorschlag zu und verabredete sich mit ihr für 17:30 Uhr in ihrer Wohnung.

Die bis dahin noch verfügbare Stunde nutzte er, um seine eigene Wohnung in Ordnung zu bringen, seine Chinchillas zu füttern und sich für den Abend fertig zu machen.

Anschließend an den Kinobesuch gegen 22:15 Uhr gingen Paul und Eva noch auf einen gemütlichen Kaffee ins Bistro gegenüber dem Kino. Nachdem Paul seine Freundin noch nach Hause gebracht hatte, erreichte er gegen 24:00 Uhr seine Wohnung.

Vor dem Zubettgehen ließ Paul seinen 14-Stunden-Tag geistig Revue passieren. Er war mit sich und der Welt unzufrieden und dachte mit Grauen an den nächsten Tag und die Lehrveranstaltungen, auf die er sich mit Blick auf die bevorstehenden Klausuren durch Nacharbeiten eigentlich an diesem Montag hatte vorbereiten wollen, was er wieder einmal nicht geschafft hatte. Paul kam zu der Überzeugung, dass er sich in Zukunft besser organisieren müsse, um am Ende eines Tages wirklich etwas geleistet zu haben und zufrieden sein zu können.

In welche Zeitfallen ist Paul nach deiner Meinung hineingetappt?

____

____

____

Könnte dir Ähnliches passieren? Welches ist dabei der wirksamste Mangel (schwerwiegendste Fehler) von Paul gewesen, dessen Vermeidung besonders entscheidende Auswirkungen auf seinen Tagesablauf zur Folge gehabt hätte?

____

____

____

Und wie sieht es bei dir aus? Wenn du dir deinen bisherigen Umgang mit der Zeit bzw. deinen Alltag anschaust: Welche Fehler treffen vielleicht — oder sicher?! — auch auf dich zu?

____

____

____

Was glaubst du, ist deine größte Zeitfalle?

____

____

____

3. Zeitverwendungs-Analyse

Mit einer Bestandsaufnahme und Analyse, wofür die eigene Zeit verwendet wird, lassen sich Zeitfallen identifizieren. Dies kann vor allem dann hilfreich sein, wenn du in der vorherigen Übung bei der Frage nach der eigenen größten Zeitfalle noch zu keinem eindeutigen Ergebnis gekommen bist. Terminiere dazu für die kommenden fünf Tage täglich, wofür du alles an diesem Tag deine Zeit genutzt hast. Teile diese anschließend wie folgt in die Gruppen A, B und C auf:

A-Aufgaben sind die wichtigsten Aufgaben für dich und dein Team und haben höchste Dringlichkeit, um die Ziele optimal zu erreichen.

B-Aufgaben sind ebenfalls wichtige, aber weniger dringende Aufgaben, die Erfahrung voraussetzen.

C-Aufgaben sind wenig wichtig und tragen nur geringfügig zur Zielerreichung bei. Es sind häufig Routineaufgaben, die aber möglicherweise den größten Teil deiner Aufgaben ausmachen.

So analysierst du bewusst deinen Tagesablauf und notierst, wie du derzeit deine Zeit schwerpunktmäßig verteilst und welchen Aufgaben du die höchste Priorität geben solltest. Wenn du die Ergebnisse auswertest, sind dabei zwei Aspekte besonders interessant: Der **Wert** bzw. die Bedeutung der einzelnen Aufgaben sowie der dafür benötigte **Zeitbedarf**. Häufig ergibt sich ein unverhältnismäßig hoher zeitlicher Umfang von Aufgaben in Gruppe C, während den wirklich wirksamen Aufgaben aus Gruppe A weniger Aufmerksamkeit geschenkt wird.

Wir unterteilen Aufgaben oftmals nach den Kriterien

- ▷ macht mir Spaß (motiviert mich!)
- ▷ macht mir keinen Spaß (mache ich ungern!)

Erkennst du einen Zusammenhang zur persönlichen Prioritätensetzung? Wir orientieren uns oft, neben dem zeitlichen Druck des Dringenden, an persönlichen Vorlieben. Wirklich wichtige Aufgaben werden jedoch prokrastiniert.

Nichts ist so dringend, dass es durch Liegenlassen nicht noch dringender werden könnte oder sich von selbst erledigt!

4. Typische Zeitfallen

Nachstehend werden häufige Zeitfallen aufgeführt. Lese dir diese Auflistung aufmerksam durch und wähle fünf Aussagen aus, die auf dich am ehesten zutreffen:

Bei mir kommt sehr viel Unvorhergesehenes dazwischen.	☐
Ich weiß gar nicht, wie ich die vielen Aufgaben schaffen soll.	☐
Ich habe manchmal einfach keine Lust, gammele lieber so vor mich hin.	☐
Erst wenn ich unter Termindruck stehe, beginne ich zügig zu arbeiten.	☐
Ich habe ständig Leute um mich herum: Ich finde keine Ruhe.	☐
Ich bin nach meinen Verpflichtungen oft erschöpft und habe keine Lust mehr, noch etwas zu tun.	☐
Ich verschätze mich häufig und brauche mehr Zeit als geplant.	☐
Meine Lerngruppe ist ein Quatschklub.	☐
Oft werde ich unterbrochen, weil mich jemand um etwas bittet.	☐
Meine Unterlagen sind nicht geordnet.	☐
Die Nachbereitung unklarer Mitschriften kostet viel Zeit.	☐
Zeitverluste entstehen durch weite Anfahrten.	☐

Das viele Unerledigte erzeugt bei mir ein Gefühl der Lähmung. ☐

Mein Verein oder Ehrenamt nimmt viel Zeit in Anspruch. ☐

Ich muss jobben und komme daher wenig zum Studieren. ☐

Ich neige dazu, Aufgaben aufzuschieben – bis es brennt. ☐

Ich verbringe viel Zeit im Internet. ☐

Es gibt viele interessante und wichtige Fernsehsendungen. ☐

Ich möchte vieles auf einmal tun und schaffe dann doch nichts. ☐

Ich bin in vielen Projekten involviert, weil ich keine Chance verpassen möchte. ☐

Die Beantwortung des E-Mail-Eingangs benötigt viel Zeit. ☐

Ich schiebe oft alles auf die letzte Minute, die mir dann aber oft fehlt. ☐

Ich habe hohen Zeitaufwand durch technische Probleme. ☐

Ich verliere mich oft in Einzelheiten. ☐

Es ist doch wichtig, regelmäßig auf Social-Media präsent zu sein. ☐

Allein arbeite ich nicht richtig effektiv: Mir fehlt ein Arbeitsteam. ☐

Plötzlich kommt mir eine Idee: Geplantes bleibt dann oft liegen. ☐

Ich habe einige zeitintensive Angewohnheiten, z. B. langes Chatten. ☐

Meine persönlichen Ergänzungen:

____

____

Wie viel Zeit geht dir durch diese Zeitfallen verloren? Meist sind es nur kleine Angewohnheiten, die jedoch den eigenen Umgang mit der Zeit deutlich beeinträchtigen. Sich die Zeitfallen, in die meist unbewusst getappt wird, bewusst zu machen, ist der erste Schritt, diese langfristig zu eliminieren. Hilfreich ist es, die häufigsten Zeitfallen zu erfassen, ob als handschriftliche Notiz oder Erinnerung im Smartphone. Um sich das Hineintappen in diese Zeitfallen systematisch abzugewöhnen, ist es hilfreich, sich zunächst nur auf eine besonders wichtige Zeitfalle zu konzentrieren. Nachdem du dir diese erfolgreich abgewöhnen konntest, widmest du dich anschließend der nächstwichtigsten Zeitfalle. Neue Gewohnheiten zu etablieren dauert. Möchte man sich eine neue Gewohnheit antrainieren, dauert es etwa drei Monate, bis diese vom bewussten Ausführen zur unbewussten Routine wird.[15]

Du hast sicherlich inzwischen festgestellt, dass eine Vielzahl von Zeitfallen durch eigenes Verhalten verursacht wird. Je nach Persönlichkeitstyp tappen wir in unterschiedliche Zeitfallen. Es lohnt sich also herauszufinden, in welchen Situationen diese häufig vorkommen. Sobald die Zeitfallen erkannt und definiert wurden, können sie leichter behoben werden. Im Folgenden kannst du ein Brainstorming zu den Ursachen und zur Beseitigung deiner Zeitfallen durchführen. Orientiere dich an deinen fünf wichtigsten Zeitfallen, die du notiert hast. Was könnten deren Ursachen sein und wie könntest du den Zeitverlust beseitigen? Nützlich ist hierbei, den Blick eines vertrauten Außenstehenden einzubeziehen. Auch bei der Zusammenarbeit im Team können Zeitverluste gemeinsam vermindert werden. Andere Menschen nehmen oftmals weitere Aspekte wahr, für die man selbst einen ›Blinden Fleck‹ entwickelt hat, weshalb die Fremdwahrnehmung als wertvolle Rückmeldung dienen kann.

[15] vgl. Lally et al., 2010.

Ursachen meiner fünf größten Zeitfallen		
Zeitfallen	Mögliche Ursache?	Wie beseitigen?

5. Der Sägeblatt-Effekt und seine Auswirkungen

Ständige Unterbrechungen und Störungen kosten uns viel Energie und Konzentration. Der Sägeblatteffekt beschreibt, wie mit jeder Unterbrechung der begonnenen Arbeit ein unter Umständen erheblicher Energie- und Zeitverlust entsteht. Dies ist weniger durch die Dauer der Unterbrechung und die damit einhergehende Ablenkung bedingt als vielmehr in der Zeitdauer, die vonnöten ist, bis die volle Konzentration wieder erreicht ist. Häufige Folgen sind Demotivation und Ineffizienz. Die Auswirkungen eines Sägeblatteffektes, der nicht erkannt und behoben wird, stellen daher eine große Zeitfalle dar.

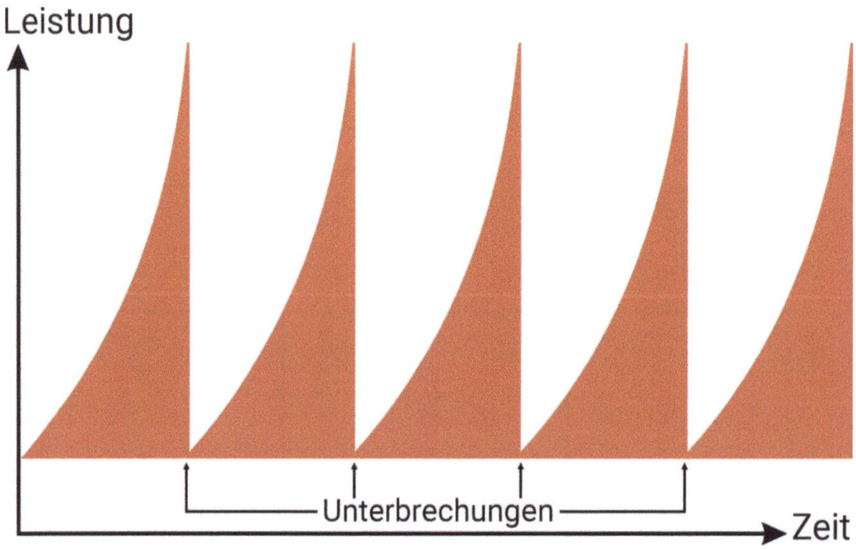

Abbildung 10: Sägeblatteffekt

Wichtige Aufgaben werden daher idealerweise in einer möglichst störungsfreien Phase erledigt, unabhängig, ob diese alleine oder im Team zu bearbeiten sind. Störungen kosten viel Zeit und verringern die Chance, ein optimales Arbeitsergebnis zu erzielen. Entscheidend ist, dass du die Verursacher des Sägeblatteffektes in dir und deinem Umfeld verminderst. Bei Routineaufgaben ist der Wirkungsgrad der Verluste durch den Sägeblatteffekt geringer. Deshalb können sie in der Wochen- und Tagesplanung entsprechend platziert werden. Je nach persönlicher Tagesleistungskurve bietet es sich an, bestimmte Tageszeiten zu nutzen, um eine für sich abgeschirmte Umgebung zu schaffen.

6. Mythos Multitasking

Multitasking wird oft mit einer effektiven Arbeitsweise, da mehrere Aufgaben gleichzeitig bewerkstelligt werden, gleichgesetzt. Der Begriff Multitasking stammt ursprünglich aus der Informatik, um die CPU-Fähigkeit eines Prozessors, mehrere Abläufe parallel laufen zu lassen, zu beschreiben. Doch was für einen Computer gilt, lässt sich nicht zwangsläufig auf das menschliche Gehirn übertragen. Neurowissenschaftler weisen auf die sogenannte *Bottleneck-Theorie*[16] hin, die besagt, dass das Gehirn, ähnlich wie ein sich verengender Flaschenhals, nur ein bestimmtes Maß an Kapazitäten zur Verfügung hat. Werden mehrere komplexe Aufgaben gleichzeitig bearbeitet, wechselt der Fokus lediglich schnell zwischen den einzelnen Aufgaben hin und her, bearbeitet diese jedoch nicht wirklich im Sinne von Multitasking.

In der Neurowissenschaft versteht man unter »Task« eine Aufgabe, die einen Aufmerksamkeitsprozess erfordert. Dabei muss über jeden Schritt bewusst und konzentriert nachgedacht werden. Anspruchsvolle Tätigkeiten wirklich gleichzeitig im Multitasking-Modus auszuführen, ist für das Gehirn ein Ding der Unmöglichkeit! Das Hin- und Herspringen von Task zu Task kostet das Gehirn viele Ressourcen und die Fehlerquote steigt. Im Gegensatz zu Single-Tasking, wo Task für Task hintereinander erledigt wird, verschwendet man beim Multitasking viel mehr Energie.

[16] Untersuchung der *Response-Selection-Bottleneck-Theorie* von Pashler (1994).

Bei dem Versuch, mehrere Aufgaben auf einmal zu erledigen (sog. Multitasking), sinkt die Intensität der Gehirnaktivität um 40 % ab.[17]

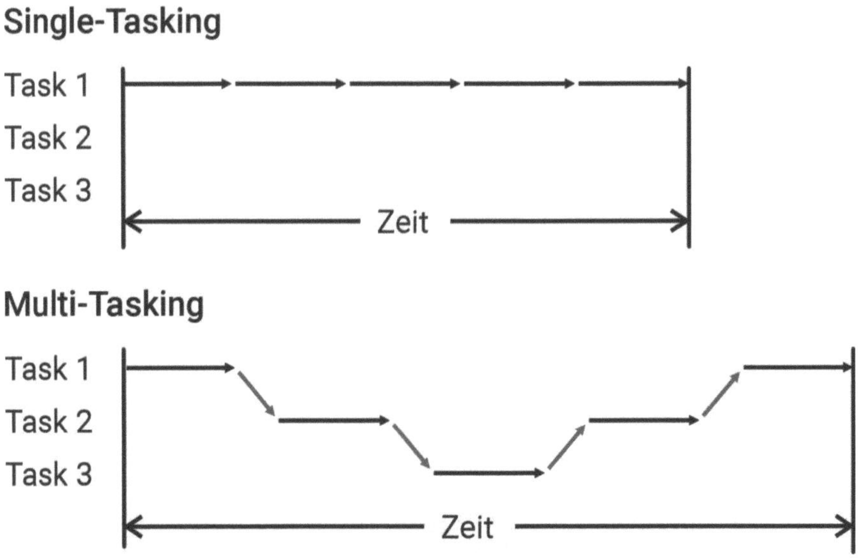

Abbildung 11: Single- und Multi-Tasking

Singletasking spart Energie

Das menschliche Gehirn macht 2 Prozent des Körpergewichts aus, verbraucht aber mehr als 25 Prozent der verfügbaren Energie. Wenn wir eine Aufgabe haben, richten wir auf diese anstehende Aufgabe unsere ganze Aufmerksamkeit. Multitasking belastet die Energiereserven des Gehirns mehr, weil wir die Aufmerksamkeit ständig verändern. Unser Kurzzeitgedächtnis profitiert ebenfalls, weil wir nicht ständig versuchen, uns zu erinnern, bei welcher Aufgabe wir an welcher Stelle aufgehört haben. Dies trägt dazu bei, unser Energieniveau aufrechtzuerhalten.

[17] Just et al. 2007, 2008

In Situationen, wo unsere Tätigkeit stark automatisiert ist, wie z. B. beim Autofahren, sind noch genug Ressourcen da, um sich mit dem Beifahrer zu unterhalten. Sobald wir in eine knifflige Verkehrssituation fahren, unterbrechen wir die Unterhaltung und konzentrieren uns voll auf das Autofahren. Je automatisierter die Denk- und Tätigkeitsprozesse sind, je rascher und unbewusster laufen sie mit weniger Denkaufwand ab und können dadurch leichter mit anspruchsvolleren Aufgaben kombiniert werden.

Forscher der Stanford University konnten im Jahr 2009 in einer Studie nachweisen, dass Probanden, die regelmäßig mehrere Medien zur selben Zeit nutzten, bei Konzentrationsaufgaben mehr Fehler machten als eine Kontrollgruppe, die das nur selten tat.[18]

Die Psychologen, Edward Hallowell und John Ratey von der Harvard University, sehen im zunehmenden Trend zur Gleichzeitigkeit gar die Ursache für die Krankheit »Pseudo-ADS«, abgeleitet vom Aufmerksamkeitsdefizit-Syndrom (ADS). Die Betroffenen gieren pausenlos nach neuen Informationen und sind überhaupt nicht mehr im Stande, sich auf Inhalte zu konzentrieren. Deshalb die klare Empfehlung: Konzentriere dich voll auf eine Sache und du sparst Zeit und machst weniger Fehler!

[18] Eyal Ophir, Clifford Nass, Anthony D. Wagner. (2009). Cognitive control in media multitaskers. In: Proceedings of the National Academy of Sciences of the U S A. 106/37, S. 15583–15587.

7. Prokrastination

Sicherlich hast du bei dir und anderen Menschen festgestellt, wie über gesetzte Ziele geredet wird, aber für die Zielerreichung notwendigen Aktivitäten vor sich hergeschoben und Ausreden gefunden werden, warum mit der notwendigen Aktivität noch nicht begonnen wurde. Es kann eine ganze Reihe von Ursachen geben, warum wir zu bequem sind, uns endlich den Aufgaben und Herausforderungen zu stellen, die für unsere Zielerreichung unabdingbar sind. Eine häufige Blockade ist, dass wir den Weg zum Ziel für unerreichbar halten bzw. uns fragen, »was ist, wenn ...«.

Doch genau diese Gedanken sind es, die von der Zielerreichung und guter Selbstdisziplin abhalten. Die Angst vor dem Scheitern und vor unvorhergesehenen Problemen ist meist unbegründet. Denn erst durch Scheitern wird es möglich, Fehler zu erkennen, diese zu beheben und die Aufgabe oder Handlung richtig durchzuführen. Nicht das Scheitern per se ist das Problem, sondern der Zustand des Stagnierens. Wirf noch einmal einen Blick auf deine Liste mit deinen Zielen. Gibt es ein Ziel, bei dem du die nötigen Schritte zur Erreichung schon seit Langem aufschiebst? Frage dich zunächst: Ist es wirklich dein Ziel (basiert die Zielsetzung auf intrinsischer Motivation) oder handelt es sich dabei um ein Ziel anderer, bei dem du das Pflichtgefühl hast, du müsstest dieses erreichen? Im letzteren Fall basiert die Zielsetzung sehr wahrscheinlich auf extrinsischer Motivation. Wenn du feststellst, dass du keine für dich motivierenden Ziele gesetzt hast, ist es essenziell, noch einmal die Zielsetzung zu überarbeiten.

Schreibe dir zu jedem Ziel einige Stichpunkte auf, warum gerade dieses für dich wichtig ist. Indem man sich erinnert und bewusst wird, aus welchen Beweggründen man sich ein bestimmtes Ziel gesetzt hat, fällt es deutlich leichter, (erneut) Energie für die dazu notwendigen Aktivitäten aufzubringen. Sobald du dich an den Ursprung deiner Motivation erinnert hast, kannst du dich fragen: Was ist nun mein größtes Problem, wegen dem es mir schwerfällt, mit der notwendigen Aktivität für die Zielerreichung zu beginnen? Oft gibt es vereinzelte Gründe, manchmal aber auch Ausreden, mit denen man sich selbst gegen die Zielerreichung ausspricht. Beispielsweise, weil Anstrengung erforderlich ist, der Zeitaufwand Kompromisse erfordert oder unkomfortable Schritte vonnöten sind. Schreibe diese Ausreden neben deine Liste und stelle dir die Frage, was in aller Konsequenz passieren wird, wenn du deinen Ausreden und falschen Glaubenssätzen nachgibst. Dies führt einem die Wichtigkeit der eigenen Ziele und der benötigten Aktivitäten deutlich vor Augen. Nachstehend kannst du abwägen und erkennen, welche Vorteile die Zielerreichung gegenüber der Prokrastination bringt.

Dieses Ziel motiviert mich, weil ...?

____

____

Dieses Ziel rede ich mir aus, weil ...?

____

____

Was passiert, wenn ich das Ziel aktiv ansteuere ...?

____

____

8. Innere Blockaden

Jeder von uns hat bestimmte Aufgaben, die immer wieder weiter aufgeschoben werden, bis sie entweder in letzter Minute in Hast und Eile umgesetzt oder ganz verworfen werden. Ein Grund, warum wir oft nicht zu handeln beginnen und vorgenommene Aufgaben, die zum Erreichen unserer Ziele essenziell sind, nicht umsetzen, sind potenzielle Probleme, auf die wir uns zu sehr fokussieren. Einige der folgenden Gedanken kommen dir vermutlich bekannt vor:

- Was wird passieren, wenn ich scheitere?
- Was ist, wenn unerwartete Probleme hinzukommen?
- Wenn ich irgendwann nicht mehr weiterkomme, wird alles umsonst gewesen sein!
- Was wird passieren, wenn ich das Ziel erreicht habe?
- Ist mein Plan überhaupt gut genug und lohnenswert?

Probleme sind dabei immer als Herausforderung zu betrachten, welche neue Chancen eröffnen können: Probleme sind Chancen in Arbeitskleidung. Ein weiterer Grund, warum wir uns nicht zutrauen, für unsere Zielerreichung konsequent einzutreten, ist der, dass dem Scheitern häufig ein niedriger Stellenwert zugeschrieben wird. In einer Bewerbung würde man kaum erwähnen, woran man bisher gescheitert ist. In den sozialen Medien berichtet man lieber von Erfolgen anstatt Misserfolgen und in einer Vita wird nur in Ausnahmefällen eine Rubrik an missglückten Projekten aufgeführt. Jedoch ist gerade die Bereitschaft, ein Scheitern in Kauf zu nehmen, absolut essenziell, um auch langfristig erfolgreich zu sein. Durch die Vermeidung eines potenziellen Scheiterns für ein sinnbasiertes Ziel sabotieren wir unseren Erfolg.

Wir erinnern uns:

ERFOLG ist die innere ZUFRIEDENHEIT
aufgrund von Art und Grad SINN-basierter ZIELERREICHUNG
im Hinblick auf die individuelle PERSÖNLICHKEITS-STRUKTUR

Um diese Zufriedenheit zu erreichen, kann es förderlich sein, Neues auszuprobieren, an Problemen zu wachsen und eben auch ein Scheitern in Kauf zu nehmen. Zu scheitern und daraus zu lernen, sinnbasierte Erfolge zu erzielen, trägt eher mehr zu nachhaltiger Zufriedenheit bei, als durch Vermeiden von Scheitern, etwas vielleicht für dich Unsinniges zu erreichen.

9. Zeitfallen im digitalen Zeitalter

Fester Bestandteil unseres Alltags ist die Nutzung eines Smartphones, um Kontakte zu verwalten, Musik und Videos zu konsumieren oder weitere anwendungsbezogene Apps zu nutzen. Durch diesen technischen Fortschritt sind besondere Potenziale entstanden, aber auch Herausforderungen für ein gelungenes Zeit- und Prioritätenmanagement. Denn digitale Medien werden schnell zur Zeitfalle. Wie viel Zeit beispielsweise mit dem Smartphone verbracht wird, lässt sich einfach berechnen. Man multipliziert dazu die tägliche Dauer der am häufigsten genutzten Apps in Stunden mit 365 (Tagen) und erhält die durchschnittliche Nutzungsdauer pro Jahr. Wie viele Arbeitstage wären das? Wie viel Zeitkapital wird aufgebracht? Eine unreflektierte Nutzung kann erhebliche Zeitverluste mit sich bringen. Dieselbe Rechnung lässt sich selbstverständlich auch für die Nutzung anderer Medien und Gewohnheiten anwenden.

Tägliche Nutzungsdauer (in Stunden)
x 365
= Eingesetztes (oder verschwendetes) Zeitkapital pro Jahr

Probleme, welche insbesondere durch Smartphone-Nutzung auftreten können, sind:

- ▷ Immer wenn eine neue Nachricht, Post oder Like auf einer Plattform erscheint, werden Dopamine (Glückshormone) im Gehirn ausgeschüttet. Deshalb ist es so verlockend, Zeit am Smartphone zu verbringen, anstatt wichtige Aufgaben zu verfolgen, die nicht unbedingt kurzfristigen Spaß erzeugen.
- ▷ Wenn permanent neue (dringende, aber oft wenig wichtige) Informationen an dich gesandt werden, wird deine Konzentration massiv beeinträchtigt (vgl. *Sägeblatt-Effekt*).
- ▷ Auf Social-Media-Plattformen erhält man oftmals beschönigte Darstellungen. Meist werden nur Erfolge präsentiert (oder inszeniert!?), jedoch nicht immer der Weg und die Rückschläge, die dahin geführt haben. Dies führt zu einer verzerrten Selbstwahrnehmung, welche für jeden persönlichen Wachstum hinderlich ist!

Frage dich: »Welche Apps benutze ich (zu) häufig, ohne dass sie mich dabei unterstützen, meinem Erfolg näher zu kommen?«

Hierbei kann ein Blick auf die Nutzungsstatistiken helfen, um zu erkennen, womit du schwerpunktmäßig deine Zeit vor dem Bildschirm verbringst. Notiere deine drei meistgenutzten Apps und frage dich, welche damit verbundenen Aktivitäten unter eine A-, B-, C-Aufgabe fallen. Passe die Nutzungsdauer entsprechend an. Manchen Menschen fällt es schwer, hierbei konsequent Prioritäten zu setzen. Ein Grund ist ein gewisser (sozialer) Druck, etwas verpassen zu können, der sogar zu sozialen Ängsten führen kann. Welche deiner Apps ist deine größte Zeitfalle? Prüfe, was geschieht, wenn du sie deinstallierst.

Bei den meisten Apps ist eine Neu-Installation jederzeit möglich, weshalb die Befürchtung, es wäre von Nachteil, eine App temporär zu deinstallieren, unbegründet ist. Des Weiteren kannst du folgende Maßnahmen ergreifen:

- ▷ Schalte dein Smartphone zu Anlässen, während denen du fokussiert bleiben möchtest, stumm und richte deinen Messenger so ein, dass dir nicht permanent eingeblendet wird, wenn etwas Neues passiert.
- ▷ Lege dein Smartphone beim Erledigen deiner A-Aufgaben konsequent beiseite und stelle den Flugmodus ein oder schalte es sogar ganz aus.
- ▷ Nutzen dir deine Apps tatsächlich langfristig für das Erreichen deiner Ziele?
- ▷ Überlege, welche Inhalte auf Social-Media dich von deinem Erfolg und deinen Zielen ablenken und reduziere den Konsum dieser drastisch.

Natürlich können Social-Plattformen auch als wertvolle Informationsquelle genutzt werden, indem du beispielsweise bewusst Inhalte abonnierst, die dir konkretes Wissen oder Inspiration für deine Zielerreichung bieten. Suche aktiv nach Inhalten, die dich auf dem Weg deiner Zielerreichung begleiten und inspirieren können.

3. Wir fassen zusammen

- ▷ Nicht alles, was viel Zeit kostet, ist problematisch: Es ist allerdings wichtig, möglichst viel Zeit für die persönlich wichtigen Ziele aufzubringen!
- ▷ Wer nach Zeitfallen fahndet, sollte eigene Gewohnheiten und die persönliche Prioritätensetzung untersuchen.
- ▷ Es bedarf Selbstreflexion und Konsequenz, um Zeitfallen zu erkennen und zu beseitigen.
- ▷ Ein reflektierendes Feedback mit vertrauten Menschen kann helfen, eigene Zeitverluste zu erkennen.
- ▷ Im digitalen Zeitalter kann viel Zeit durch eine unreflektierte Nutzung von Medien verloren gehen. Doch in zielgerichteter Weise genutzt, bergen digitale Medien großes Potenzial!
- ▷ Die meisten Probleme erfolgen durch wenige Zeitfallen! (siehe dazu auch das *Pareto-Prinzip* im Modul IV).
- ▷ Die (oftmals) wenigen Zeitfallen zu minimieren kann bereits den eigenen Umgang mit der Zeit wesentlich optimieren.

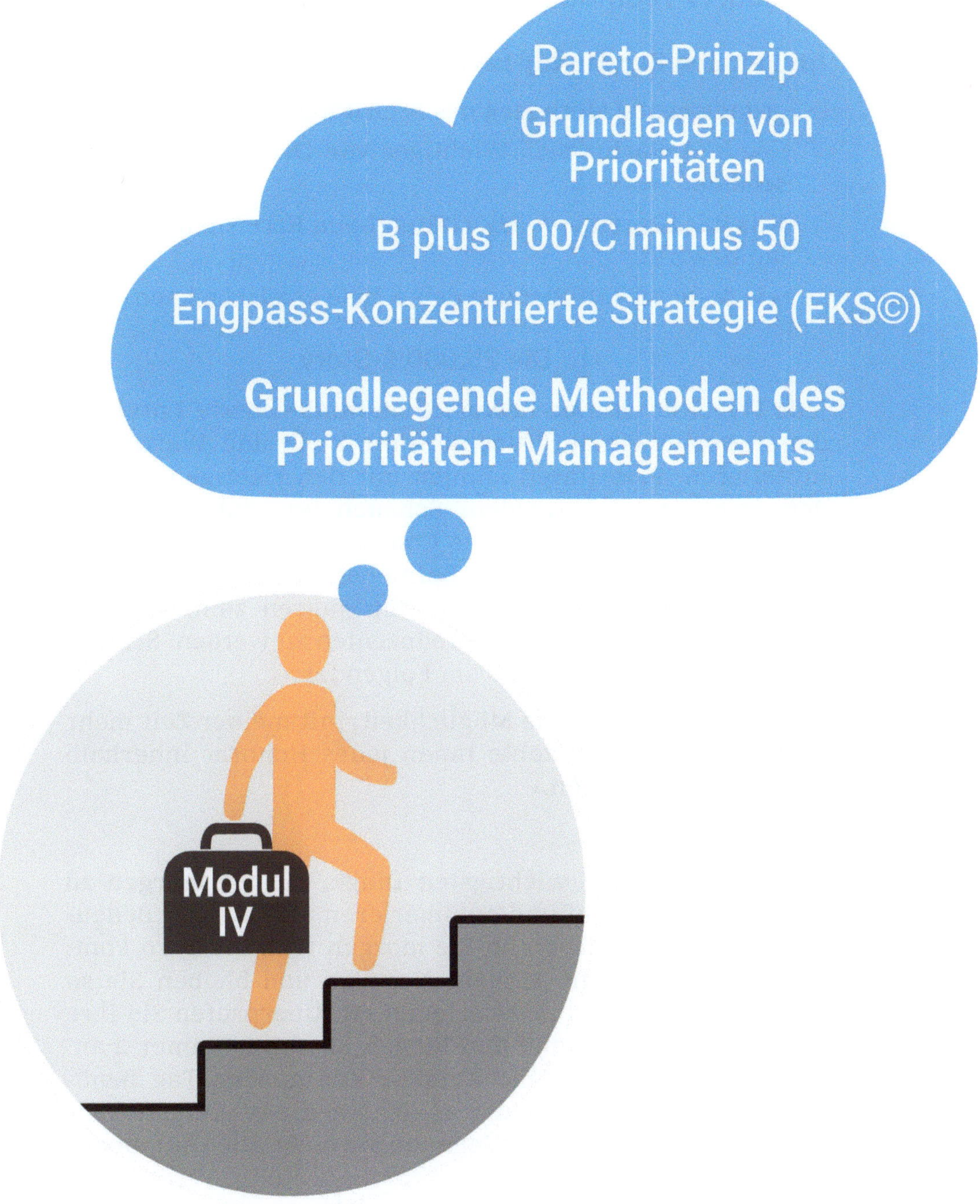
Pareto-Prinzip
Grundlagen von Prioritäten
B plus 100/C minus 50
Engpass-Konzentrierte Strategie (EKS©)
Grundlegende Methoden des Prioritäten-Managements
Modul IV

Modul IV Methoden des Prioritäten-Managements

Im Rahmen der Modul-Lernziele erfährst du

- ▷ grundlegende Methoden des Prioritätenmanagements
- ▷ wie und warum sich Wichtiges von Dringendem unterscheidet
- ▷ was das Setzen von Prioritäten beim Erreichen von Zielen bewirkt
- ▷ wie du mit *EffEff*-Planung deine Ziele erreichen kannst

1. Die 25.000 $-Story

Jede Priorität ist eine bewusste und unbewusste Entscheidung, worin wir aufgrund unserer Ziele und Werte Zeit investieren. Prioritäten können mit den richtigen Methoden *EffEff* gesetzt werden. Schauen wir uns dazu eine Anekdote des Unternehmens Charles Schwab an, der seinerzeit als Präsident der Bethlehem Steel Corporation dieser verhalf, innerhalb von fünf Jahren zum weltweit größten unabhängigen Stahlproduzenten zu werden. Schwab bat seinen Berater Ivy Lee um Folgendes:

»Zeigen Sie mir eine Möglichkeit, mit meiner Zeit mehr anzufangen und ich zahle Ihnen jedes Honorar innerhalb vernünftiger Grenzen.«

Lee antwortete:

»Schreiben Sie die wichtigsten Dinge, die Sie morgen zu erledigen haben, auf und nummerieren Sie sie ihrer Bedeutungsordnung nach. Wenn Sie morgen früh ins Büro kommen, fangen Sie mit Aufgabe Nr. 1 an und bleiben Sie so lange daran sitzen, bis sie erledigt ist. Überprüfen Sie Ihre Prioritäten noch einmal und fangen Sie mit Nummer 2 an. Wenn Sie für irgendeine Aufgabe den ganzen Tag benötigen, macht nichts. Solange es sich um die Wichtigste handelt, arbeiten Sie daran. Wenn Sie sie nicht alle (Aufgaben) erledigen, würde es Ihnen mit einer anderen Methode auch nicht gelingen, und ohne irgendein System würden Sie wahrscheinlich nicht einmal die wichtigste Aufgabe bestimmen können. Machen Sie dies zu einer Gewohnheit für jeden Arbeitstag. Wenn das System bei Ihnen funktioniert, geben Sie es an Ihre Mitarbeiter weiter. Versuchen Sie es, so lange Sie wollen. Dann schicken Sie mir einen Scheck über den Betrag, den Ihnen dieser Ratschlag wert ist.«[19]

Diesen Ratschlag setzte Schwab konsequent um und ließ einige Wochen später Lee 25.000 Dollar mit einer Notiz zukommen, dass diese Lektion die gewinnreichste sei, die er jemals gelernt habe. Rückblickend sei diese Ausgabe die wertvollste Investition gewesen, die Bethlehem Steel innerhalb des Jahres getätigt hatte, so Schwab. Doch weshalb ist dieser eigentlich so einfache und simple Ratschlag so hoch effektiv und effizient?

Fasse die wichtigsten Aussagen des Beraters kurz in Stichpunkten zusammen:

____

____

____

____

____

____

[19] Zitiert nach Hardy Wagner & Ute Wagner (2011). Erfolg durch *EffEff* Umgang mit der Zeit. Der STUFEN-Weg zur individuell-optimalen Selbst-Entwicklung. Band 2 der Schriftreihe der Stiftung *STUFEN zum ERFOLG*. Landau. S. 58.

2. Schriftlichkeit – Struktur – Ordnung

Das Verschriftlichen von Aufgaben gibt der eigenen Prioritätensetzung Struktur. Aus diesem Grund empfiehlt Lee:

»Schreiben Sie die wichtigsten Dinge, die Sie morgen zu erledigen haben, auf und nummerieren Sie sie ihrer Bedeutungsordnung nach.«

Dieser Rat beinhaltet zwei Schritte: Zum einen, dass alle Aufgaben aufgeschrieben und zum anderen, dass diese anschließend mit Prioritäten versehen werden. Wir leiten daraus folgende Empfehlung ab:

Alle **A**ufgaben **A**ufschreiben.

Aufgaben lassen sich in handschriftlichen To-do-Listen oder dafür geeigneten Apps erfassen. Es besteht auch die Möglichkeit, Projekte und Vorhaben mit Kollegen, der Familie und mit Freunden über eine App oder einen gemeinsamen Planer zu teilen. Die Umsetzung dieses grundlegenden Ordnungs-Prinzips bietet eine ganze Reihe von Vorteilen:

- ▷ Wichtiges von Unwichtigem unterscheiden
- ▷ Prioritäten setzen
- ▷ Automatisch mehr Ordnung
- ▷ Mehr Übersicht durch klare Struktur
- ▷ Mehr Konzentration
- ▷ Rationelles Arbeiten
- ▷ Selbstmotivation
- ▷ Zeitgewinn

Durch schriftliches und strukturiertes Arbeiten entwickeln sich in unserem Gehirn neue Synapsenstrukturen, die mit jeder Aktivierung ausgebaut und verstärkt werden. Das verankert die Informationen fester in unserem Gedächtnis. Handlungen werden automatisiert und gehen uns unbewusst von der Hand. In unserem begrenzt bewussten Informations-Verarbeitungs-System werden Kapazitäten für andere Aufgaben frei. Der Anthropologe André Leroi-Gourhan spricht neben der DNA und dem Gehirn vom Schreiben als dem »dritten Gedächtnis des Menschen«. Der erste Satz von Lees Ratschlag betont, dass einen Tag vorher die wichtigsten Aufgaben verschriftlicht werden, damit alle Aufgaben in dem Planungsprozess integriert sind. Für manche Menschen mag dies zunächst als Einschränkung ihres Tagesablaufs erscheinen, wenn dieser von einem verbindlichen Plan vorgegeben wird. Das ist häufig bei Typen mit hohem Gelb-Anteil der Fall. Es ist allerdings nützlich, solche Planungsgewohnheiten in den Alltag zu etablieren. Denn sind bereits die wichtigsten und dringlichsten Aufgaben erledigt, entstehen neue Möglichkeiten, die Zeit effektiv für verschiedene Projekte oder anderweitige Beschäftigungen nutzen zu können.

Der griechische Philosoph Sokrates hat schon vor rund 2.500 Jahren erkannt, wie wichtig Planung für den Lebenserfolg ist:

»Als ich merkte, dass von Leuten mit gleichen Fähigkeiten, die einen sehr arm, die anderen aber reich sind, verwunderte ich mich und es schien mir eine Untersuchung wert, wie das kommt. Da stellte sich nun heraus, dass das ganz natürlich zuging: Wer nämlich ohne Plan handelte, an dem rächte es sich; wer sich aber mit angespanntem Verstand bemühte, der arbeitete schneller, leichter und gewinnbringender.«[20]

Planung ist natürlich kein Garant für Erfolg, erhöht jedoch die Wahrscheinlichkeit massiv, vorgenommene Ziele zu erreichen. Ohne Planung ist es lediglich dem Zufall überlassen, was erreicht wird. Damit Lebensziele und Visionen Realität werden, ist es essenziell, planend und handelnd auf diese hinzuarbeiten.

[20] Zitiert nach Waldemar Pelz (2004). Führungsaufgaben optimieren. In: *Kompetent führen*. Wiesbaden. S. 2017-2076; 2017.

»Wer das Ziel nicht kennt, der den Weg nicht weiß!«
(Christian Morgenstern)

Die erste und grundlegende Empfehlung von Ive Lee endet wie folgt:

»...und nummerieren Sie sie ihrer Bedeutungsordnung nach.«

Prioritäten unterstreichen die Bedeutung, die wir einer Aktivität zuschreiben. Das *Pareto-Prinzip*, auch *80/20-Regel* genannt, hilft dabei, Prioritäten geschickt zu setzen. Der italienische Ökonom Vilfrido Pareto erkannte Anfang des 20. Jahrhunderts, dass 20 % der italienischen Staatsbürger 80 % des Staatsvermögens besaßen. Auch heute noch können Verteilungen in einem Verhältnis von 80 zu 20 in anderen, ökonomischen, technischen, sozialen und sonstigen Kontexten festgestellt werden:

- 80 % des Datenvolumens werden für 20 % der Websites im Internet genutzt.
- 80 % der Anrufe werden mit 20 % der gespeicherten Kontakte geführt.
- 80 % des Umsatzes wird bei vielen Unternehmen mit 20 % der Produkte oder Kunden gemacht.

80 % der Ergebnisse können mit 20 % des Gesamtaufwandes erreicht werden.

Die verbleibenden 20 % der Ergebnisse benötigen mit 80 % die meiste Arbeit.

Mit der Konzentration auf die Aufgaben, welche den größten Einfluss haben, kann mit dem Pareto-Prinzip die Effektivität gesteigert werden.

Bei mehreren gleichzeitig zu erledigenden Aufgaben ist es wichtig, eine Prioritätenliste zu erstellen, um sicherzustellen, dass die meiste Zeit auch den wichtigsten Aufgaben zugeteilt wird.

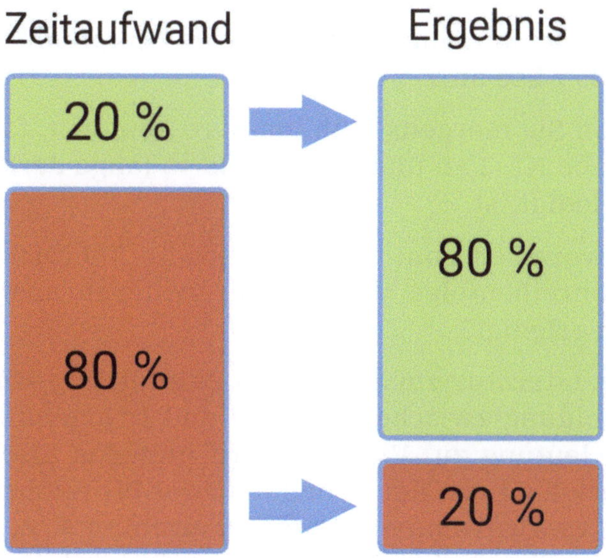

Abbildung 12: Pareto-Prinzip

In den nächsten drei Abschnitten wird dieses Thema noch etwas differenzierter analysiert und Aktivitäten für die Aufgaben nuancierter dargestellt.
Das geht von der Frage aus, was die wichtigsten und was die dringendsten Aufgaben sind. Wie viel Zeit wollen wir für die einzelnen Aufgaben verwenden und welche Bearbeitungs-Reihenfolge ist optimal?

3. Prioritäten und ihre Grundlagen erkennen

Schauen wir uns nun die weiteren Empfehlungen des Beraters Ivy Lee an:

»Wenn Sie morgens früh ins Büro kommen, fangen Sie mit Aufgabe Nr. 1 an und bleiben Sie so lange daran sitzen, bis sie erledigt ist.«

Doch woran erkennt man ›Aufgabe Nr. 1‹? Nach welcher Prioritätenreihenfolge werden die weiteren anstehenden Aufgaben erledigt?

In der Literatur zur optimalen Zeitnutzung kommt der Unterscheidung zwischen Wichtig und Dringend zu Recht große Bedeutung zu. Vielfach wird hier das Eisenhower-Prinzip erwähnt mit der Benennung der hilfreichen Matrix »Wichtig vs. Dringend« mit den Quadranten A, B, C und D. Dwight D. Eisenhower, Fünf-Sterne-General in der US-Armee und von 1953 bis 1961 Präsident der Vereinigten Staaten, zeichnete sich durch eine starke Entscheidungsfähigkeit aus. Er musste ja täglich Entscheidungen treffen, auf welche der vielen Aufgaben er sich zielführend konzentriert. In einer Rede am 19. August 1954 vor dem World Council of Churches zitierte er einen namentlich nicht genannten, früheren College Präsidenten wie folgt: »I have two kinds of problems, the urgent and the important. The urgent are not important, and the important are never urgent.«[21] Auf deutsch: »Ich habe zwei Arten von Problemen, die dringenden und die wichtigen. Die dringenden sind nicht wichtig, und die wichtigen sind nie dringend.«

Aus dieser Systematik heraus wurde die sogenannte Eisenhower-Methode entwickelt, die Aufgaben nach Dringlichkeit und Wichtigkeit priorisiert, delegiert und terminiert. Die darin enthaltene Entscheidungsmatrix hilft, zu

[21] Dwight D. Eisenhower (19. August 1954). Address at the Second Assembly of the World Council of Churches.

erkennen, wie wir durch das bewusste Priorisieren von bestimmten Aufgaben unsere Ziele *EffEff* erreichen. Dazu werden Aufgaben in vier Prioritätsstufen unterteilt:

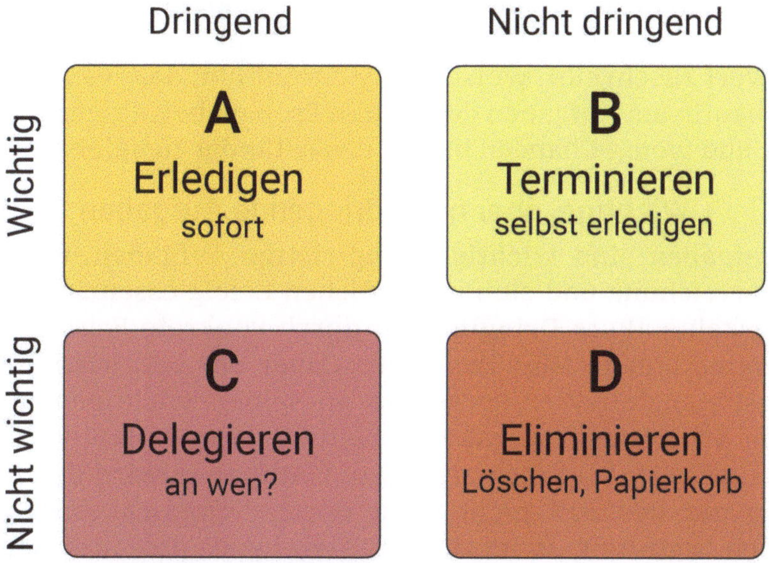

Abbildung 13: Eisenhower-Entscheidungsmatrix

Anzumerken ist, dass die *Eisenhower-Entscheidungsmatrix* in ihrer Grundausrichtung **reaktiv** ausgelegt ist. Die Aufgabengruppe mit der höchsten Priorität zeichnet sich dadurch aus, dass zur Wichtigkeit eine hohe Dringlichkeit hinzukommt, auf die möglichst sofort (!) reagiert werden muss. Langfristig ausgerichtetes, **proaktives** Handeln wird kurzfristigem reaktivem Handeln untergeordnet. Nach Ansicht Stephen R. Coveys handelt es sich bei B-Aufgaben meist um Tätigkeiten, wie Beziehungsarbeit, dem Erkennen und Hinarbeiten auf neue Möglichkeiten oder Erholung. Hingegen würde ein zu starker Fokus auf die wichtigen und dringenden A-Aufgaben langfristig zu Stress führen.[22]

[22] Stephen R. Covey unterteilte die Quadranten in seiner ergänzten Fassung nicht nach den Buchstaben A bis D, sondern nummerierte sie von 1 bis 4. Im Folgenden bleiben wir der Übersicht halber bei den Buchstaben A bis D. Vgl. Covey, S. 175.

A Wichtige und dringende Aufgaben

A-Aufgaben sind sofort mit höchster Priorität zu erledigen. Sie blockieren einen eigenständigen Umgang mit der Zeit, weil man auf die hohe Dringlichkeit reagieren muss. Während die *Eisenhower-Methode* A-Aufgaben den höchsten Stellenwert zuschreibt, weist Covey darauf hin, dass es sich dabei häufig um Aufgaben der akuten Problembewältigung handelt und wenig Chancen bietet, eigenständig zu agieren.[23]

B Wichtige, aber nicht dringende Aufgaben

B-Aufgaben sind wichtige, langfristige Aufgaben, die zur Zielerreichung und zum persönlichen Erfolg essenziell sind, aber keine akute Dringlichkeit durch konkrete Fristen und Termine haben. Hier liegt nach Covey das langfristige Erfolgspotenzial. Wer sorgfältig an seinen wichtigen, aber nicht dringenden Aufgaben arbeitet, lebt und plant vorausschauend. Im Gegensatz zu den A-Aufgaben wird der Umgang mit der Zeit nicht mehr durch Dringlichkeiten von außen bestimmt, sondern (weitestgehend) pro-aktiv selbst gestaltet. Diese Aufgaben sind rechtzeitig zu planen und zu beginnen, da sie sonst zu A-Aufgaben werden können!

C Nicht wichtige, aber dringende Aufgaben

Diese Aufgaben sollten je nach Möglichkeit delegiert oder automatisiert werden. Hier kommt der Teamgedanke ins Spiel, wer über welche Stärken und Möglichkeiten verfügt und somit die Aufgabe *EffEff* erledigen kann (siehe Modul VI).

D Nicht wichtige und nicht dringende Aufgaben

Unter diese Kategorie fallen alle Aufgaben, die nicht helfen, geplante Ziele zu erreichen. Sie stellen Zeitdiebe dar und lenken von den wirklich wichtigen Aufgaben ab. Aus diesem Grund werden diese Aufgaben auch delegiert oder sogar aus der Planung ›eliminiert‹.

[23] Covey, S. 176.

Steven Covey hat das *Eisenhower-Prinzip* modifiziert und ausgebaut. Für ihn ist der Quadrant **B** (wichtig und nicht dringend) essenziell und erfolgsrelevant! Quadrant **B** hat mehr Bezug zu unseren wichtigsten Zielen und bringt uns ihnen näher. Die Aufgabe des Quadranten **B** liegt hauptsächlich in der Konzentration auf das Wichtige (vgl. EKS©). Je mehr eine Aufgabe dazu beiträgt, ein zuvor festgelegtes Ziel zu erreichen, desto höher ist ihr Wert. Wird mehr im Quadrant **B** gearbeitet, reduziert sich der Inhalt von Quadrant **A** automatisch, weil wichtige Aufgaben nicht erst dringend werden und wir weniger Zeit damit verbringen, wodurch auch eine Stress-Prävention stattfindet. Denn Dringendes kann oft nicht optimal erledigt werden. Es geht auch hier darum, möglichst viele Aufgaben schon frühzeitig und stressfrei zu erledigen.

In diesem Sinne ist wichtigstes Ziel,
den Schwerpunkt in das Prinzip Wichtigkeit nach Quadrant **B** zu verlagern, um schon viele Aufgaben frühzeitig und stressfrei zu erledigen.

Unsere Aufgaben resultieren aus Projektzielen, Studien- und Berufszielen, insbesondere auch aus unseren individuellen Lebenszielen. Sich diesen Zielen klar und bewusst zu sein, ist die Voraussetzung, um eine Priorisierung vorzunehmen. Entscheidend dabei ist es, ein Gespür dafür zu entwickeln, dass alles Handeln konsequent zum Erreichen der gesetzten Ziele erfolgt.

Formuliere in der nachfolgenden Tabelle fünf Ziele, schau dann nach, was du bereits in Modul I aufgeschrieben hast. Notiere die erforderlichen Maßnahmen zur Zielerreichung und weise ihnen Prioritäten zu. Du kannst sowohl deine Lebens-Ziele als auch zeitlich begrenzte Periodenziele, wie ein bestimmtes Projekt oder Ziele im Hinblick auf Schule/Ausbildung/Studium, aufschreiben.

Zielformulierung	Maßnahmen	Priorisierung
		A
		B
		C
		A
		B
		C
		A
		B
		C
		A
		B
		C
		A
		B
		C

4. A/B plus 100/C minus 50

Um deine Ziele *EffEff* zu erreichen, ist die Methode B plus 100/C minus 50 hilfreich. Diese schlägt vor, dass der Zeiteinsatz für B-Aufgaben auf das Doppelte erhöht wird, während man zugleich den Zeitaufwand für die wenig wichtigen C-Aufgaben auf die Hälfte reduziert. In der Regel lässt sich durch diese Umverteilung sogar Zeit gewinnen.

Die prozentuale Zeitverteilung für A-, B- und C-Aufgaben beträgt:

15 % A-Aufgaben 20 % B-Aufgaben 65 % C-Aufgaben

Im Hinblick darauf wurde in der 1. Auflage empfohlen, Zeit für A-Aufgaben zu erhöhen und für C-Aufgaben zu reduzieren, jedoch für B-Aufgaben zu belassen. Damit ist nicht das Entscheidende gewonnen, denn das Erfolgspotenzial liegt in dem nach Eisenhower als B benannten Quadranten. Die Zeit hierfür muss auch erhöht werden. Die wichtigen B-Aufgaben sollten pro-aktiv begonnen werden, damit sie sorgfältig im *flow-Modus* bearbeitet werden können und nicht zu dringenden (und dadurch manchmal stressigen) A-Aufgaben mutieren. Auf die üblichen Zeitangaben bezogen empfehlen wir deshalb die Anwendung der *STUFEN zum ERFOLG*-Methode »Wichtiges plus 100 / weniger Wichtiges minus 50«:

30 % A-Aufgaben 40 % B-Aufgaben 30 % C-Aufgaben

Versuche daher, deinen Zeiteinsatz für A- und B-Aufgaben möglichst zu verdoppeln und den Zeiteinsatz für C-Aufgaben deutlich zu reduzieren.

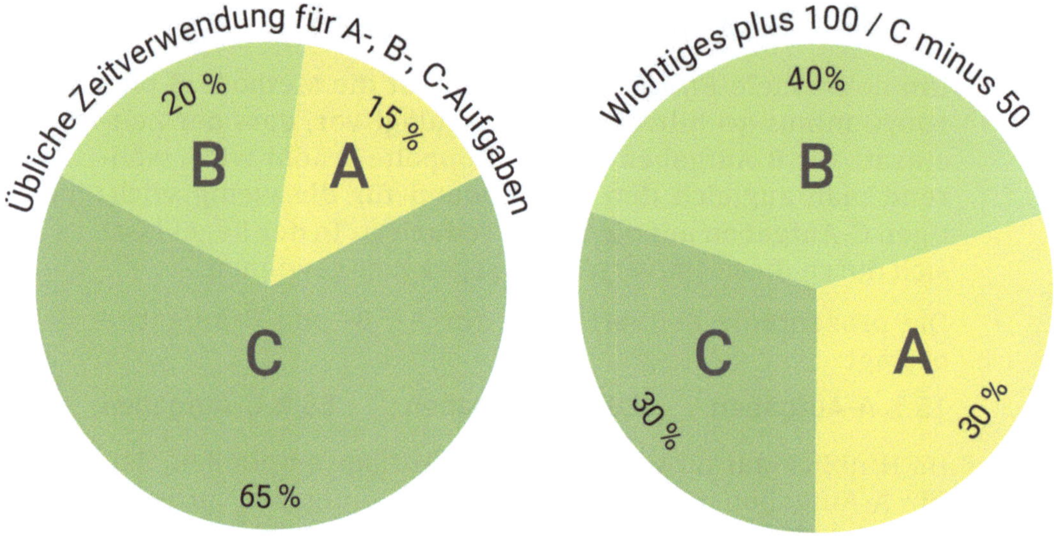

Abbildung 14: Zeitverwendungs-Kreisdiagramme

Stelle in dem nachfolgenden Kreisdiagramm die Zeitverwendung für deine persönlichen A-, B,- und C-Aufgaben dar. Von Strich zu Strich beträgt die Zeit 2 %.

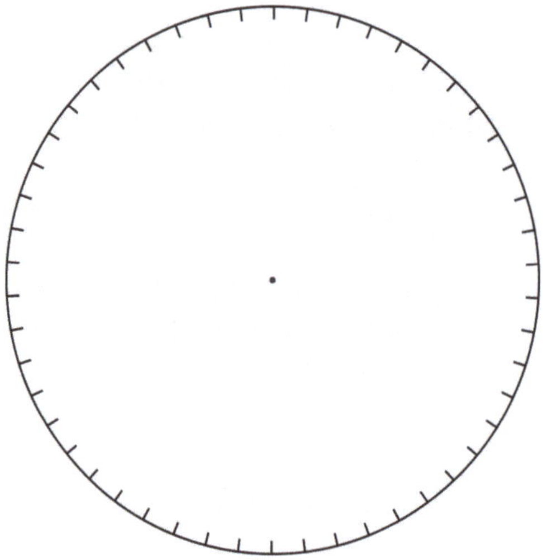

Abbildung 15: persönliches Zeitverwendungs-Kreisdiagramm

Wer seine Aufgaben in einer Exceltabelle auflistet, hat auch die Möglichkeit, die A-, B-, C-Aufgabenverteilung synchron in einem Kreisdiagramm darzustellen. Jede Änderung in der Tabelle wird automatisch in das Kreisdiagramm übertragen. Das gibt die Möglichkeit, die Zeitzuteilungen im Auge zu behalten, um sie in einem permanenten Prozess zu optimieren. Durch regelmäßiges Anpassen deiner Aufgabenverteilung verbesserst du deine persönliche wie auch die Teamarbeit.

An dieser Stelle nochmal der Hinweis, dass »Schriftlichkeit – Struktur – und Ordnung«, wie in diesem Modul unter Punkt 6 beschrieben, durchgehend essenziell ist! Dies wird handschriftlich wie auch mit der aktuellen Informationsverarbeitungs-Technik bearbeitet und dokumentiert. Es bringt Klarheit und Struktur sowie Nachvollziehbarkeit in Pläne, Projekte und Prozesse und hilft auch, im Team intelligenter, schneller und besser zusammenzuarbeiten. Besprechungsnotizen, Verfahren und Pläne lassen sich teamübergreifend zugänglich machen, was das allgemeine Verständnis, die gemeinsame Ausrichtung und Motivation fördert.

5. Engpass-Konzentrierte Strategie (EKS©)

Die Engpass-Konzentrierte Strategie ist Fokussierung auf die wichtigsten Aufgaben, die den größten Sprung in Richtung Ziel verursachen. Mit nachstehenden Erfolgsregeln werden hilfreiche Fragen gestellt:

- ▷ Was bringt hier und jetzt den größten Erfolg?
- ▷ Welches Problem blockiert derzeit deinen Erfolg?
- ▷ Welches ist dein größtes Problem/Hindernis?

Die Engpass-Konzentration ist die Grundlage der von System- und Strategieforscher Wolfgang Mewes entwickelten Engpass-Konzentrierten Strategie (EKS©).[24] Er fragte sich, was die Ursachen außergewöhnlicher Erfolge sind und analysierte Tausende von Einzelkarrieren und Unternehmen. Schließlich erkannte er, dass es im Grunde ganz einfach war: Es ist die Strategie, die den Unterschied ausmacht. Etliche Unternehmen, die seinen Gedanken folgten, stiegen zu Weltmarktführern auf. Ein Beispiel dafür ist Reinhold Würth, Schraubenhersteller aus Künzelsau, Weltmarktführer in Befestigungssystemen und bekennender EKS©-Anwender.

Hardy Wagner, Gründer, Stifter und Kuratoriumsvorsitzender der Stiftung *STUFEN zum ERFOLG*, beschäftigt sich schon seit den 70er Jahren mit der EKS©. Er stand bei den Entwicklungen seiner Methoden in enger Verbindung zu Wolfgang Mewes. Die Kernaussagen der STUFEN-Bausteine basieren auf den vier EKS©-Prinzipien und den sieben Phasen der EKS©.

Im STUFEN-Band vier wird die »Erfolgs-Methodologie« ausführlich behandelt. Mitautor Hans Bürkle, einer der profiliertesten Kenner der EKS©, hat als Student an der

[24] Die Engpass-Konzentrierte Strategie begründet unter der Bezeichnung Kybernetische Managementlehre (EKS©) von Wolfgang Mewes 1970.

Universität Würzburg Wolfgang Mewes kennengelernt und später viele Jahre als Geschäftsführer im Mewes-System gewirkt. Auf Grundlage dieser Zusammenarbeit sowie andererseits seiner langjährigen Erfahrungen als EKS©-Berater entwickelte er ein pragmatisches Arbeitsinstrument, das Strategie-Tableau, bei dem die EKS©-Umsetzungsphasen genutzt werden.
Das Strategie-Tableau wurde für den Einsatz in Unternehmen, aber auch als Lehrinstrument in EKS©-Seminaren entwickelt. Es entstand aus dem Bedürfnis, EKS©-konforme Ergebnisse gemeinsam mit einer Gruppe zu erarbeiten, etwa mithilfe von Flipcharts bzw. Moderationstechnik. Dadurch entstehen kreative Gruppenprozesse, die meist zu wertvollen Ergebnissen führen.

EKS© bedeutet Umdenken![25]
»Die kybernetische Managementlehre EKS© wird von einer Vielzahl mittelständischer deutscher Marktführer genutzt und war bzw. ist Basis für deren Geschäftserfolge; etwa bei den Unternehmen Wiesheu, Würth, Rational AG, Belimo AG, Kärcher, Assmann, Town & Country und vielen anderen. Hermann Simon macht in seinem Bestseller »Die heimlichen Gewinner« (Hidden Champions) auf zahlreiche Weltmarktführer aufmerksam, die eine solche oder ähnliche Erfolgs-Strategie verfolgen.«[26]

Mewes entwickelte für die praktische Umsetzung seiner Erfolgsstrategie ein Schritt für Schritt Konzept, aufbauend auf den vier Prinzipien und den sieben Umsetzungsphasen. In den zwei nachfolgenden Mindmaps sind die vier Prinzipien und sieben Umsetzungsphasen übersichtlich dargestellt.

[25] Hardy Wagner & Hans Bürkle (2018). Erfolgs-Methodologie. Grundlagen und Umsetzung. Band 4 der Schriftenreihe der Bildungs- und Chancen-Stiftung *STUFEN zum ERFOLG*. Norderstedt. S. 30.
[26] Ebd., S. 30.

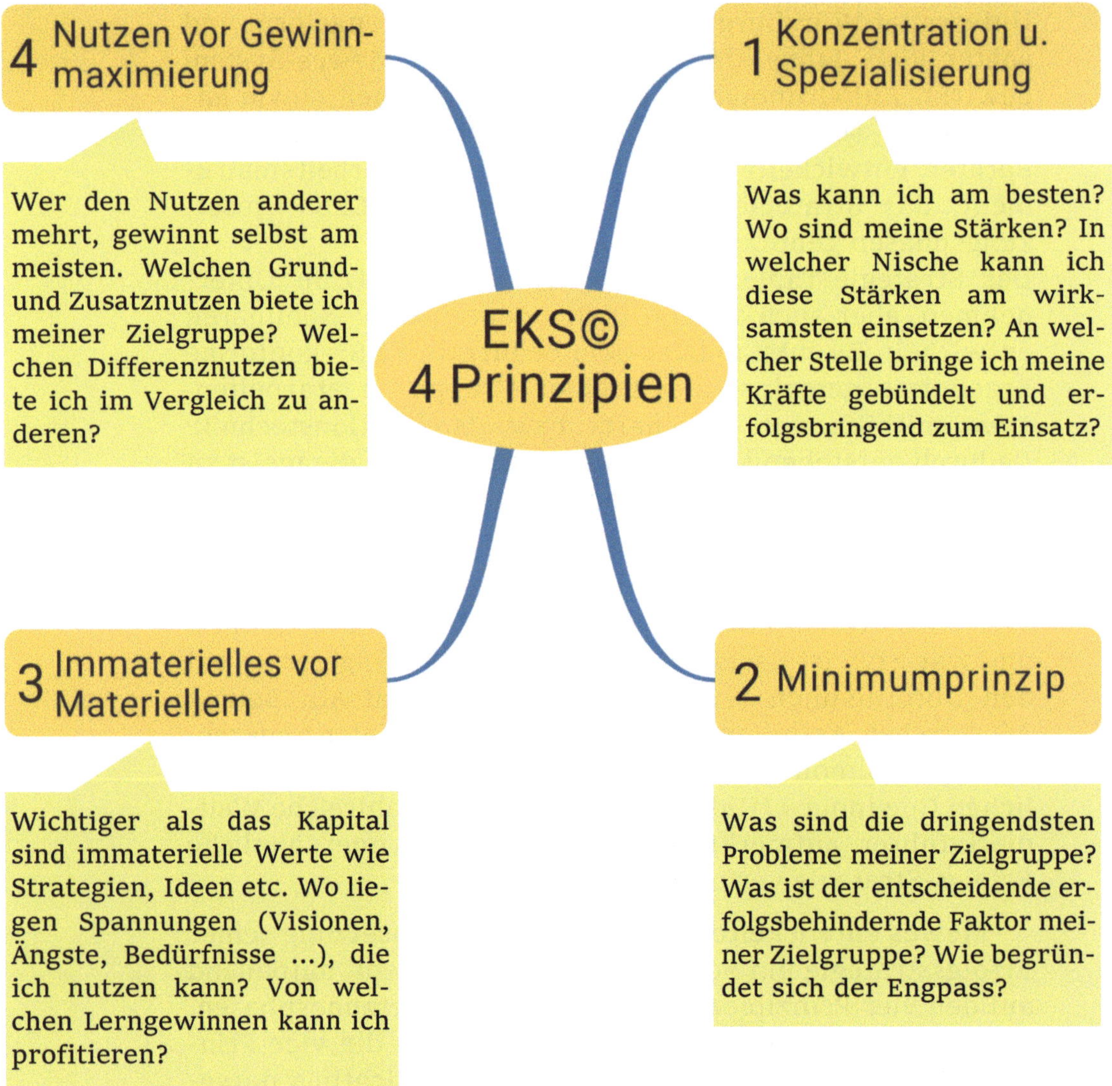

Abbildung 16: 4 EKS©-Prinzipien

»Ein Durchschnittsmensch, der sich auf den wirkungsvollsten Punkt konzentriert, wird erfolgreicher als ein Genie, das sich verzettelt!«

Wolfgang Mewes

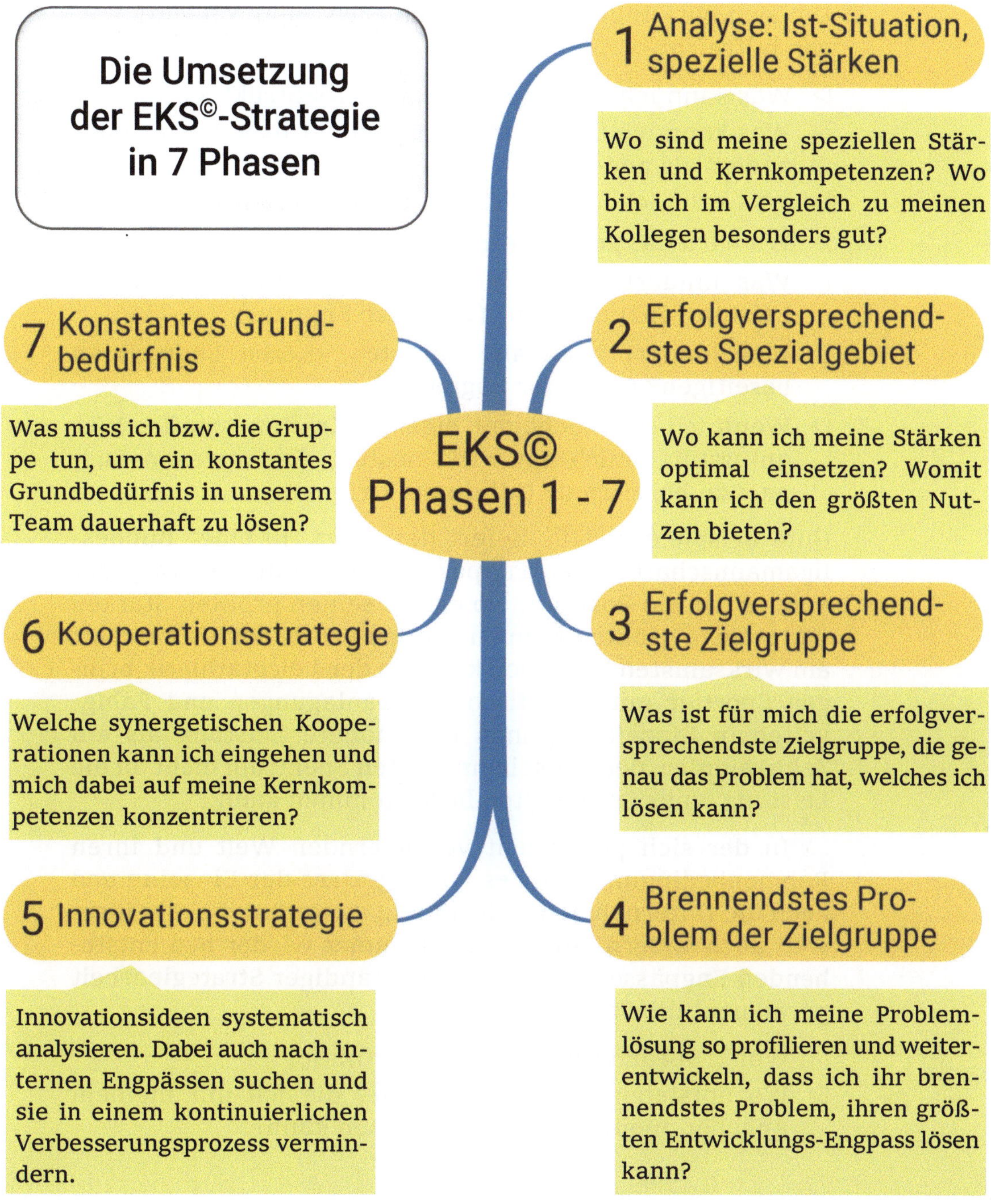

Abbildung 17: EKS©-Phasen 1-7

Um sich wirkungsvoll zu positionieren, sind folgende Fragen hilfreich:

- ▷ Was kann ich? (Meine Perönlichkeits-Struktur)
- ▷ Was kann ich besonders gern und gut bzw. besser oder anders als andere?
- ▷ Was kann ich leisten? (Spezifische Leistung)
- ▷ Wo wird das gebraucht? (Zielgruppe)
- ▷ Was hindert meine Zielgruppe am stärksten, meine Leistung anzunehmen? (Externer Engpass)
- ▷ Was hindert mich am stärksten, diesen Engpass zu beseitigen? (Interner Engpass)
- ▷ Wenn ich dies nicht mit eigenen Kräften schaffe: Wer unterstützt mich am wirksamsten, den internen Engpass zu beseitigen? (Minimum-Gruppe)

Gute Beispiele hierfür liefert der Sport. In einer Bundesligamannschaft stehen 11 Spezialisten auf dem Platz. Jeder Spieler hat die Position, wo er mit seinen größten Stärken und seinem größten Können für den Erfolg der Mannschaft am wirksamsten beitragen kann. In der Leichtathletik bringen Sportler mit spezifischen Veranlagungen und Fähigkeiten in Einzeldisziplinen eine höhere Leistung als ein Zehnkämpfer, der mit seinem breiten Spektrum nicht an die Leistung eines Spezialisten herankommen kann.

In der sich permanent verändernden Welt und ihren Rahmenbedingungen ist es wichtig, dass der Einzelne und auch die Unternehmen sich ständig weiterentwickeln insoweit auch ändern. Auf Basis der immer wieder neu entstehenden Engpässe musst du dir in ständiger Strategiearbeit permanent die Fragen stellen:

- ▷ Wohin verändern sich die Bedürfnisse?
- ▷ Wo entstehen welche Engpässe, die ich mit meinem Angebot, meiner Strategie beheben kann?

Mit diesen strategischen Grundsätzen aus der Mewes'schen EKS©-Strategie sind viele Weltmarktführer wie Kärcher (Reinigungstechnik), Würth (Befestigungstechnik) und Rational (Garsysteme) erfolgreich groß geworden.
Führe deine persönlichen und auch auf dein Unternehmen bezogenen 7 Umsetzungsphasen der EKS©-Strategie durch:

1 **Analyse: Ist-Situation, spezielle Stärken:**

____

2 **Erfolgsversprechendstes Spezialgebiet:**

____

3 **Erfolgsversprechendste Zielgruppe:**

____

4 **Brennendstes Problem der Zielgruppe:**

____

5 **Innovationsstrategie:**

____

6 **Kooperationsstrategie:**

____

7 **Konstante Grundbedürfnisse:**

____

Im Netzwerk des Bundesverbandes StrategieForum e.V., einer Plattform für Mewes-Strategien, findest du weitere Informationen unter www.strategie.net

6. Positive Gewohnheiten und Routinen ausbilden

Schauen wir uns nun eine weitere Empfehlung des Beraters Ivy Lee an:

»Machen Sie dies zu einer Gewohnheit für jeden Arbeitstag«

Gewohnheiten entwickeln sich durch regelmäßige Wiederholungen über einen längeren Zeitraum. Neue Routinen müssen anfangs bewusst in den Alltag etabliert werden. Sobald die ersten positiven Resultate zu erkennen sind, fällt es leichter, diese Routinen beizubehalten, bis sie sich schließlich automatisiert haben und zum Automatismus werden, bis sie sozusagen in ›Fleisch und Blut übergegangen‹ sind.
Nichts fällt vielen Menschen schwerer, als bestehende Gewohnheiten, die man womöglich über Jahre hinweg tagtäglich ausgeführt hat, zu ändern. Daher ist einerseits die Sinnfrage mit Festlegung der Wichtigkeit und andererseits die Verstärkung der Selbstdisziplin durch äußerste Konsequenz und Konzentration auf den (aktuell einen) wirksamsten Mangel für den Erfolg entscheidend. Diese Konsequenz kann durchaus zeitweilig eine gewisse Beharrlichkeit erfordern. Ein Zettel auf dem Schreibtisch oder eine Erinnerung im Smartphone sind eine gute Hilfe, um die Aufmerksamkeit regelmäßig auf neue Gewohnheiten zu richten bis sie sich zur Routine automatisiert haben.

7. Positives Verhalten vorleben und weitergeben

Schauen wir uns nun noch die letzte Empfehlung des Beraters Ivy Lee an:

»... dann geben Sie das System an Ihre Mitarbeiter weiter ...«.

Hier ist zunächst an die Vorbildfunktion zu denken. In der Betriebs-Psychologie wird mit der sogenannten *Lewin'schen* Formel gearbeitet:

$$\mathbf{V} = f\,(\mathbf{P}, \mathbf{U})$$

Menschliches Verhalten ist eine Funktion der eigenen Persönlichkeits-Struktur und der jeweiligen Umwelt.

Nach dieser ›Formel‹ hat unser Verhalten Einfluss auf unsere Umgebung (Freunde, Partner, Familie, Kollegen, Vorgesetzte, Mitarbeiter, Kommilitonen, Kunden etc.) und beeinflusst damit zwangsläufig auch deren Verhalten, was wiederum eine positive Rückkopplung bewirkt. Eine unter Umständen winzige, aber (für dich bzw. deine Umwelt) wichtige Verhaltensänderung kann zu großen Änderungen und Unterschieden in der gemeinsamen Lebensqualität führen.

8. Intrinsische Motivation

Ein weiterer Aspekt im Hinblick auf Prioritäten ist das Einfließen individueller Motivationsfaktoren. Diese können die Reihenfolge der Bearbeitung von Aufgaben im Tagesverlauf beeinflussen. Folgende Tipps können helfen, den Faktor Motivation in dein Zeit- und Prioritätenmanagement zu integrieren:

- ▷ Bearbeite zuerst die wichtigste Aufgabe, die für dich am wenigsten motivierend erscheint! Wenn du deine Tagesleistungskurve (siehe Modul V) kennst, kann es hilfreich sein, die Aufgaben, die sehr wichtig sind, dich jedoch nicht motivieren, auf die Zeit deines Leistungs-Optimums zu legen!
- ▷ Beschäftigungen, denen du sehr gern nachgehst (hohe intrinsische Motivation), die aber zunächst relativ unwichtig erscheinen, wirst du im Zweifelsfall auch später noch erledigen.
- ▷ Fülle deinen ›Papierkorb‹ konsequent. Aufgaben, die weder wichtig, dringend, noch motivierend sind, können getrost von der Aufgabenliste gestrichen werden.

Drei besonders wichtige Erkenntnisse lassen sich durch das Prinzip Zielsetzung-Planung-Ordnung zusammenfassen:

- ▷ **Z**ielsetzung und Prioritäten: Ziele helfen zur Erfolgs-Orientierung durch die selektive Wahrnehmung und ermöglichen somit erst eine Erfolgsmessung!
- ▷ **P**lanung, wie etwa die Tagesplanung am Vorabend: Planung stellt de facto ein optimales Prinzip zur Erfolgs-Erreichung dar.
- ▷ **O**rdnung durch Schriftlichkeit: Ordnung hilft, Zeitverluste und Chaos zu vermeiden, insbesondere durch Schriftlichkeit.

9. Glücks- und Erfolgstagebuch

Um sich regelmäßig bewusst zu werden, welche mitunter kleinen, aber dennoch wichtigen Schritte man tagtäglich gegangen ist, bietet es sich an, ein Glücks- und Erfolgstagebuch zu führen. Damit wird Selbstreflexion zur Routine. Dazu kannst du jeden Abend, idealerweise in einer ruhigen Phase vor dem Zubettgehen, für dich notieren:

- ▷ Welche (kleinen) Momente haben mich heute glücklich gemacht?
- ▷ Welche (kleinen) Erfolge habe ich heute erreicht?
- ▷ Wofür hat es sich heute gelohnt, Zeit aufzuwenden?

Dabei ist es hilfreich, den gesamten Tagesablauf rückblickend, vom Moment des Aufstehens an, zu betrachten. Zum einen hilft diese Übung vor dem Einschlafen, sich erneut dem als erfolgreich empfundenen Moment des Tages bewusst zu werden, was zu einer nachhaltigen Zufriedenheit und besseren Schlaf beiträgt. Zum anderen dient das Glücks- und Erfolgstagebuch dazu, auch kleine Erfolge zu erkennen und zu dokumentieren, die oftmals vergessen und daher nicht wahrgenommen werden. Selbstverständlich gibt es Momente, in denen Fehler passieren sowie Tage oder sogar längere Phasen, in denen sich kaum Erfolge erkennen lassen. Gerade dann ist es hilfreich, sich über kleine Schritte zu freuen und die eigenen, täglichen Erfolge wahrzunehmen.

Das Führen eines Glücks- und Erfolgstagebuchs kann leicht zur Routine werden, da es wenig Zeit beansprucht und es grundsätzlich sehr motivierend und zufriedenstellend ist, eigene Erfolge zu sehen.[27] Zudem kann diese Übung durch folgende Fragen ergänzt werden:

Welche Ziele habe ich mir für morgen vorgenommen und welche motivieren mich besonders? Was brauche ich, um morgen glücklich und erfolgreich zu sein?

Indem man täglich die Ziel-Erreichungen des nächsten Tages am Vorabend visualisiert, führt man diese automatisch konzentrierter und bewusster aus.

[27] Siehe auch: Antje Heimsoeth (2022). 111 Mental Hacks. Einfache Techniken, die Ihre Mentale Stärke und Positivität steigern. Wiesbaden. S. 145 f.

4. Wir fassen zusammen

- **A**lle **A**ufgaben **A**ufschreiben!
- Das Wichtigste ist zuerst zu erledigen, insbesondere, wenn es dringend ist.
- Planung ersetzt Irrtum durch Zufall. Unvorhersehbares lässt sich nicht planen, kann jedoch in gewissem Umfang durch Pufferzeit aufgefangen werden.
- Flexibilität in neuen Situationen ist vor allem neben Konsequenz für den Erfolg entscheidend.
- Gewohnheiten und Routinen helfen, Konsequenz zu entwickeln.
- Erkennen, was hier und jetzt den größten Erfolg verursacht.
- Erfassen, wo das größte Problem/Hindernis ist.

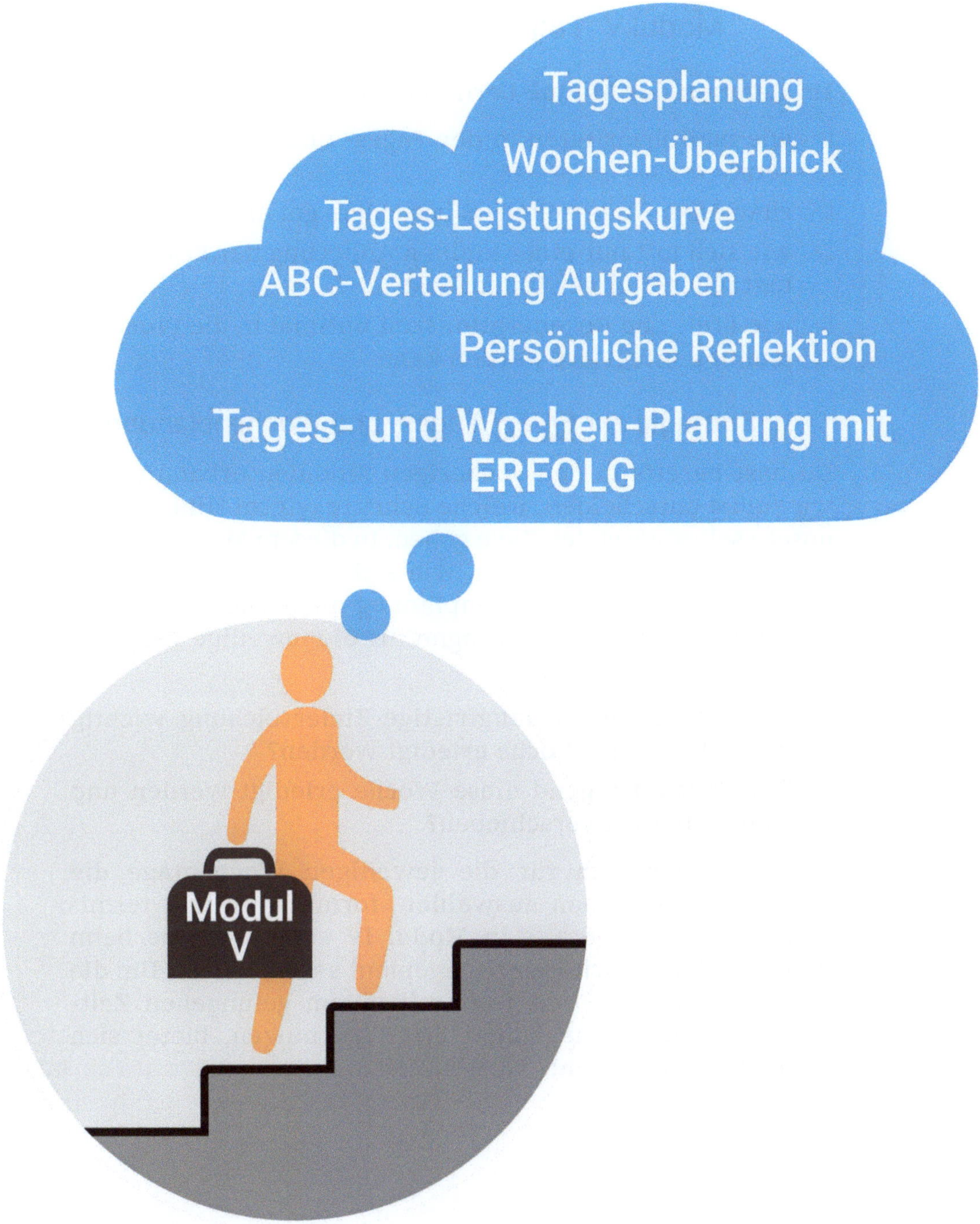

Tagesplanung
Wochen-Überblick
Tages-Leistungskurve
ABC-Verteilung Aufgaben
Persönliche Reflektion
Tages- und Wochen-Planung mit ERFOLG
Modul V

Modul V Tages- und Wochenplanung

Im Rahmen der Modul-Lernziele erfährst du

- ▷ wie man Prioritäten in der Tages- und Wochenplanung setzt
- ▷ zu welchen Tageszeiten du besonders gut arbeiten kannst
- ▷ wie sich mit nur einer kleinen Änderung der Prioritäten tagtäglich Zeit gewinnen lässt
- ▷ wie Frei- und Regenerationszeit optimal in die Wochenplanung integriert werden kann

1. Strategie zur *EffEff* Tages- und Wochenplanung

Du hast bereits in den vorherigen Modulen erkannt, dass wir selbst entscheiden, welche Schritte wir im Hinblick auf unsere selbst gesetzten Ziele gehen. In diesem Modul werden wir uns damit beschäftigen, wie sich dies konkret auf die einzelne Tages- und Wochenplanung auswirkt. Grundsätzlich stellen wir mit zwei Fragen für die jeweilige Wochenplanung die Weichen:

- ▷ Was ist für meine langfristige Zielerreichung wichtig und sollte diese Woche erledigt werden?
- ▷ Was muss dringend diese Woche erledigt werden und sollte ich nicht verschieben?

Daraus lassen sich für die jeweiligen Wochentage die wichtigsten Aufgaben auswählen, formulieren und terminieren. Du hast bereits in Modul IV erfahren, was beim individuellen Prioritätenmanagement essenziell ist. Um die einzelnen Wochen und Tage mit einem gelungenen Zeit- und Prioritätenmanagement *EffEff* zu nutzen, bietet sich folgende Strategie an:

1. Erfassen und Aufschreiben aller Aufgaben in einer To-do-Liste, um einen allgemeinen Überblick zu erhalten.
2. Die Wichtigkeit der einzelnen Aufgaben einschätzen und priorisieren.
3. Fristen für Start und Ende der Aufgaben setzen. Dies hilft, um die Dringlichkeit beurteilen zu können.
4. Den angemessenen Zeitbedarf der einzelnen Aufgaben einschätzen.
5. Qualitätssicherstellung in der Vorplanung.

Diese Grundprinzipien tragen zum Wesentlichen für eine gelungene Tages- und Wochenplanung bei.
Alle Aufgaben werden in einer To-do-Liste erfasst. Dafür kannst du dich an nachstehenden Faktoren orientieren:

- ▷ Wann wurde die Aufgabe gestellt?
- ▷ Inhalt/Ziel?
- ▷ Priorität einschätzen!
- ▷ Zeitbedarf – Realistische Schätzung!
- ▷ Ist Teamarbeit zu organisieren und zu planen?
- ▷ Welche Aufgaben können an wen delegiert werden?

Basis jeder *EffEff*-Planung ist die Klarheit über die zu erledigenden Aufgaben und ihrer Termine. Bist du dir ihrer Wichtigkeit und Dringlichkeit im Sinne der Zielerreichung bewusst, erkennst du auch die Prioritäten.
Die realistische Zeiteinschätzung ist für die Priorisierung essenziell. Dabei ist auch Pufferzeit für Unvorhergesehenes einzuplanen, um die Wahrscheinlichkeit erheblich zu reduzieren, von unvorhersehbaren Herausforderungen überlastet zu werden. So hat man die Möglichkeit, möglichst proaktiv und eigenverantwortlich zu handeln:

Planung ersetzt Irrtum durch Zufall!

Durch Reflexion deiner bisherigen Wochenpläne kannst du aufgrund der Erfahrungswerte und Ergebnisse den benötigten Zeitaufwand zunehmend besser einschätzen.

Mit einer abschließenden Qualitätskontrolle stellst du fest, ob du deine Aufgaben vollständig und wirkungsvoll durchgeführt hast. So wirst du jeden Tag und jede Woche abgeschlossene Erfolgserlebnisse sehen, was deinen Kopf frei macht für andere Aktivitäten. Zur Qualitätskontrolle kann es sinnvoll sein, Feedback einzuholen, um Engpässe zu erkennen und zu bearbeiten.

2. Persönliche Tages-Leistungskurve

Dir ist sicher schon aufgefallen, dass du zu bestimmten Tageszeiten besonders aktiv bist oder dass es dir andererseits zu bestimmten Tageszeiten schwerfällt, produktiv und konzentriert zu arbeiten. Dies lässt sich im folgenden Schema einer **durchschnittlichen Tagesleistungskurve** veranschaulichen:

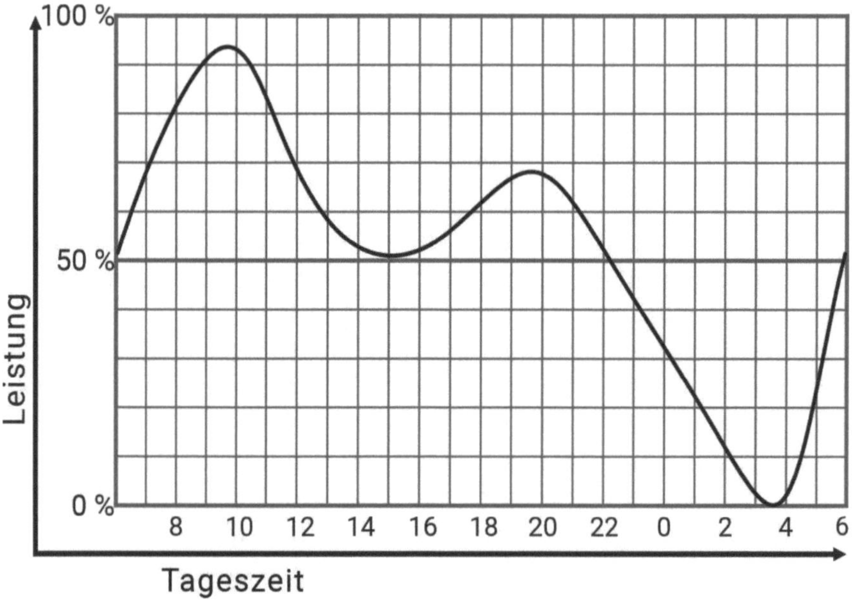

Abbildung 18: Durchschnittliche Tagesleistungskurve

Da jeder Mensch anders tickt, differenziert die Chronobiologie[28] zwischen zwei Chronotypen:

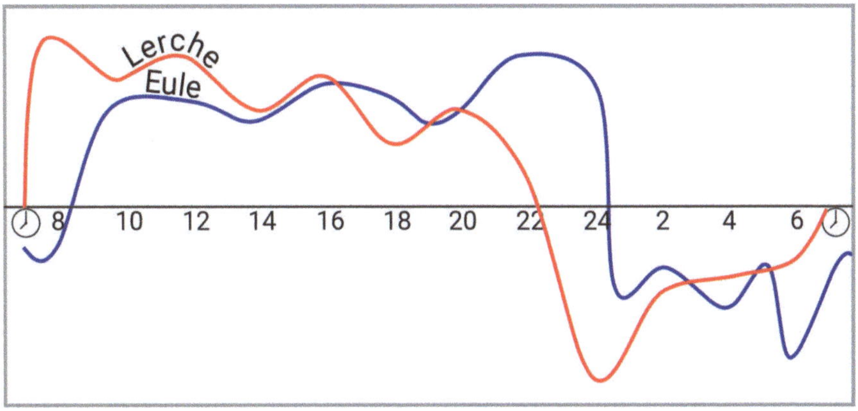

Abbildung 19: Chronotypen Eulen und Lerchen

- ▷ Lerchen (Frühaufsteher), die schon frühmorgens topfit und leistungsfähig sind.
- ▷ Eulen (Langschläfer), sind abends aktiv und können sich dann besonders gut konzentrieren.

Wie sieht deine individuelle Tagesleistungskurve aus? Achte für eine Woche bewusst darauf, wann du am leistungsfähigsten bist, wann die Konzentration und Leistungsfähigkeit zu- oder abnimmt und dokumentiere dies täglich in der nachstehenden Vorlage. So erkennst du den Verlauf deiner individuellen Tagesleistungskurve, um deine Aufgaben einer optimalen Zeit zuzuordnen.

[28] Wissenschaft der zeitlichen Organisation von biologischen Systemen (Vgl. Roenneberg & Klermann 2019).

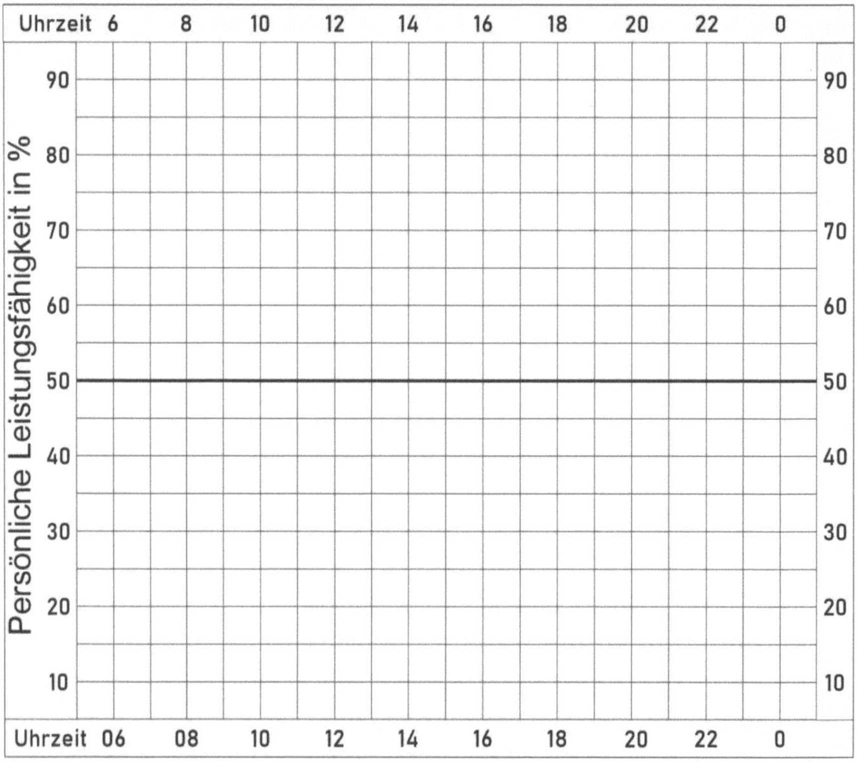

Abbildung 20: Persönliche Tagesleistungskurve

Nach dem Ausfüllen dieser Vorlage siehst du, dass deine Konzentrationsfähigkeit je nach Tageszeit gewissen Schwankungen unterliegt. Siehe diese Übung als Experiment, in welchem du neue Tagesplanungen erprobst. Somit kannst du sie nach deiner persönlichen Leistungskurve ausrichten.

Besonders wichtige, komplexe Aufgaben, die höchste Konzentration und Aufmerksamkeit erfordern, werden idealerweise in der Hochleistungsphase bearbeitet. Wichtig sind dabei dennoch möglichst optimale Rahmenbedingungen, wie zum Beispiel die Arbeit in einem weitgehend ungestörten Modus, um einen *flow*-Zustand zu erreichen (siehe Modul 7).

Auch in der Zusammenarbeit mit Gruppen ist das Wissen über verschiedene Tagesleistungskurven wirkungsvoll. Möchte man als Team konzentriert und effektiv an einem gemeinsamen Projekt arbeiten, so findet dies idealerweise zu einer Tageszeit statt, an welcher möglichst viele Teammitglieder ein hohes Tagesleistungsniveau haben.

Da dies selbstverständlich in der Praxis nur äußerst selten möglich ist, können mithilfe folgender Fragen, zumindest ansatzweise, für alle Teammitglieder passende Tageszeiten für Gruppenarbeitsphasen abgestimmt werden:

- ▷ Wann ist der Tiefpunkt (=fühlen sich müde, sind unkonzentriert) der Tagesleistungskurve der meisten Teammitglieder? Diese Zeiten werden möglichst nicht für die Teamarbeit genutzt.
- ▷ Gibt es eine Uhrzeit, wo alle ihren Leistungshöhepunkt oder zumindest eine Phase haben, in der sie sich gut konzentrieren können? Diese Zeiten können sich besonders gut anbieten.
- ▷ Und natürlich: Lassen es die sonstigen Umstände zu, diese Tageszeit für die Teamarbeit zu nutzen?

3. Transparenz der Tages- und Wochenplanung

Nachdem du einschätzen gelernt hast, wie deine individuelle Tagesleistungskurve verläuft, kannst du diese Erkenntnisse für die Tages- und Wochenplanung nutzen. Es gilt dafür dieselbe Herangehensweise wie bei der Priorisierung von Aufgaben:

- ▷ Du formulierst deinen Tagesplan am Vorabend und stellst unter Berücksichtigung der Zieltermine fest, welche Aufgaben so dringend sind, dass sie unbedingt in der kommenden Woche zu bearbeiten sind (A-Aufgaben).
- ▷ Plane Zeit für deine wichtigen, aber nicht dringenden Aufgaben (B-Aufgaben) ein, die auch im Zusammenhang mit deinen langfristigen Zielen stehen!
- ▷ Du verteilst deine Aufgaben unter Berücksichtigung bereits feststehender Termine und Routinen sowie Pufferzeit auf die einzelnen Tage der Kalenderwoche.

Bedenke, ob diese grobe Planung realistisch ist und beschäftige dich nicht zu lange mit der Wochenplanung, da dies sonst zur Zeitfalle wird. Das Wesentliche ist schon getan, wenn du die vorherigen Punkte berücksichtigt hast.

Soweit neue, bisher unbekannte Aufgaben auf dich zukommen sollten, bist du mit Sicherheit in der Lage, diese in den Wochenplan zu integrieren. Mit Blick auf den Plan, der alle A-Aufgaben (sowie B-Aufgaben) beinhaltet, fällt es dir auch leichter, »Nein« zu ungeplanten Terminen zu sagen, da im Vorfeld die Prioritäten klar erkennbar sind.

So kannst du entspannt Auszeiten genießen und dann erfolgreich in eine neue Woche starten, immer mit dem Wissen, alles Wichtige im Blick und nichts vergessen zu haben.

4. Optimierung der Aufgaben-ABC-Zeitverteilung

In dem nachfolgenden Kreisdiagramm ist die durchschnittliche wöchentliche ABC-Zeitverteilung abgebildet. Die meiste Zeit wird für C-Aufgaben aufgewandt, während A- und B-Aufgaben verhältnismäßig weniger Zeit in der Wochenplanung einnehmen. Diese Verteilung ist bei jedem Menschen, je nach Lebenserfahrung und Umfeld, anders. Wir werden nun eine strategische Optimierung vornehmen, wie mehr Zeit für die wichtigen Aufgaben gewonnen werden kann.

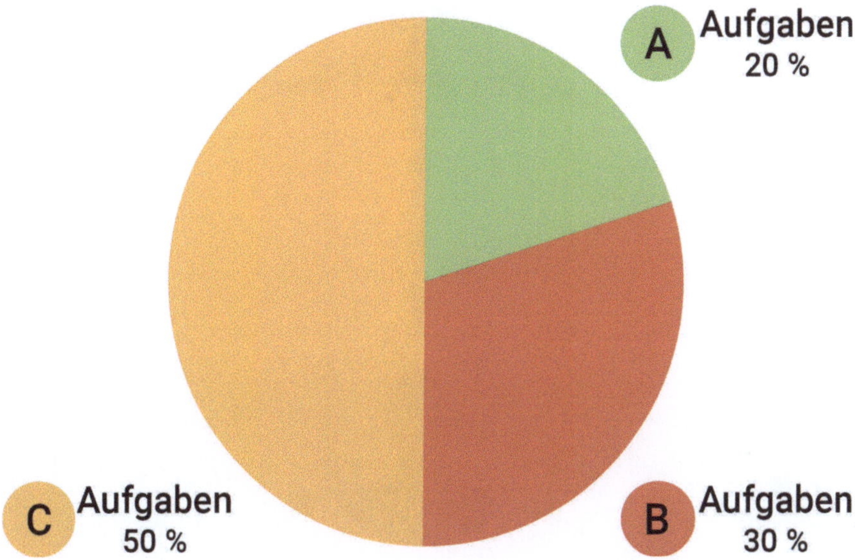

Abbildung 21: Ø wöchentliche ABC-Zeitverteilung

In diesem beispielhaften Kreisdiagramm siehst du, wie die Hälfte der Zeit für C-Aufgaben aufgewandt wird. Hier ist zu überlegen, wie durch Reduktion der Zeitanteil für B- und vor allem für A-Aufgaben erhöht werden kann.

Die Aufgabenverteilung ist, je nach Tätigkeitsfeld und Projekt, von den Voraussetzungen her unterschiedlich. Sehr wichtig ist es, A-, B-, und C-Aufgaben permanent im Blick zu haben und durch Rationalisieren und Delegieren von C-Aufgaben, den Anteil und Zeitaufwand für A- und B- Aufgaben zu erhöhen. Wenn auch mit den C-Aufgaben die kleinsten Schritte zur Zielerreichung gemacht werden, sind sie selektiv doch wichtig für das Große und Ganze, wie die kleinen Zahnräder in großen Getrieben, ohne die nichts läuft. Die Pfeile in der nachstehenden Grafik stellen dar, wie Aufgaben und deine Aktivitäten miteinander verbunden sind und sich gegenseitig beeinflussen. Jede einzelne Veränderung hat Auswirkungen auf das gesamte System ...

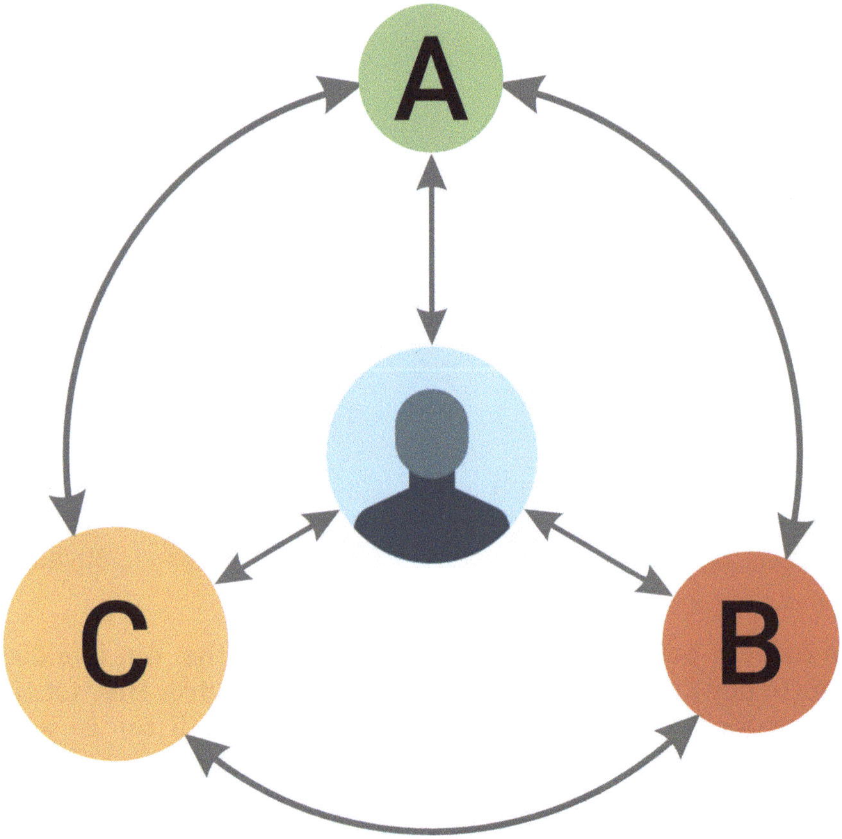

Abbildung 22: Gegenseitige Beeinflussung ...

5. Persönliche Reflexionen

Welche wichtigen Aufgaben sind in der nächsten Woche zu erledigen?

Notiere und prüfe nachstehend alle Aufgaben der nächsten Woche.

- ▷ Hast du dabei deine A-Aufgaben identifiziert?
- ▷ Welche Routinen (C-Aufgaben) fallen in dieser Woche an?
- ▷ Sind Aufgaben bereits terminlich festgelegt?
- ▷ Welche Tätigkeiten und Aktivitäten stehen mit deinem persönlichen Weg zum Erfolg in Zusammenhang (B-Aufgaben)?
- ▷ Nummeriere deine Aufgaben bzw. versehe diese mit einer Rangfolge nach Wichtigkeit und Dringlichkeit.

Mit dieser Bestandsaufnahme erhältst du einen Überblick, mit dem du deinen Wochenplan erstellst. Wichtig ist, nicht alles sofort umsetzen zu wollen, sondern Schritt für Schritt nach Rangfolge der Prioritäten.

6. Zeigarnik-Effekt

Die Psychologin Bljuma Zeigarnik, eine russische Austauschwissenschaftlerin, bemerkte in den 1920er Jahren in einem Café in Berlin, dass sich ein Kellner besonders gut an die Bestellungen der Gäste erinnern konnte. Sobald er die Bestellung ausgeführt hatte, vergaß er schnell, wer was bestellt hatte.

Diese Beobachtung inspirierte sie zu einem Experiment, in dem sie dieses Phänomen für ihre Dissertation an der Berliner Humboldt-Universität (sie promovierte bei Kurt Levin) aufgriff und erforschte. Ihre Dissertation wurde unter dem Titel »Das Behalten erledigter und unerledigter Handlungen« veröffentlicht. Sie ließ in einem Experiment 164

Probanden verschiedene Aufgaben bearbeiten. Sie sollten etwas zeichnen, basteln oder mathematische Rätsel lösen. Bei einigen Aufgaben wurden sie von Bljuma Zeigarnik unterbrochen, während sie andere Aufgaben ungestört abschließen konnten. Anschließend wurde ihre Vermutung bestätigt, dass die Probanden sich wesentlich besser an unerledigte Aufgaben als an die bereits abgeschlossenen erinnerten. Diese Erkenntnis, dass Menschen sich bis zu 90 % eher an unerledigte als an erledigte Aufgaben erinnern, ist seitdem als »Zeigarnik-Effekt« bekannt und führte zu weiteren Studien und Forschungen an diesem Phänomen.

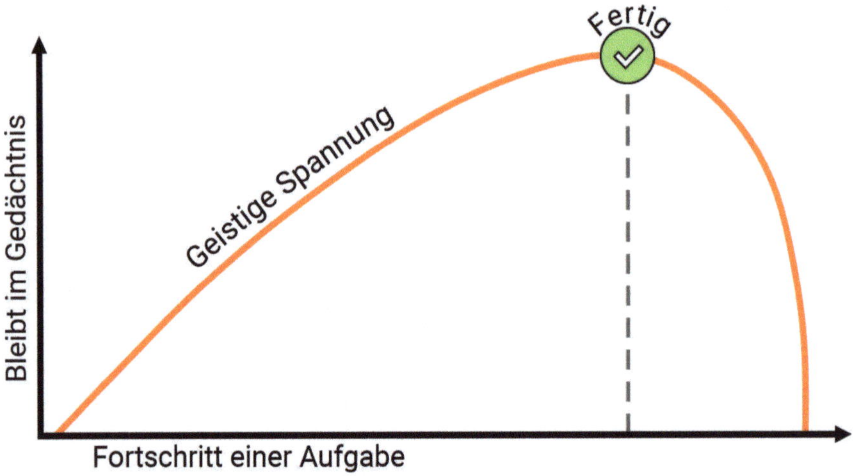

Abbildung 23: Zeigarnik-Effekt

Eine unerledigte Aufgabe erzeugt automatisch im Gedächtnis eine Spannung, die sich auflöst, sobald die Aufgabe erledigt ist.

Mit diesem Neuromechanismus haben nicht abgeschlossene Aufgaben bewusst und vor allem unbewusst eine ganz hohe Priorität und binden kognitive Ressourcen. Das bedeutet wiederum, je mehr unerledigte Aufgaben (der Neurobiologe sagt »offene Aufträge«) wir in unserem Gehirn speichern, umso weniger Kapazität steht für Anderes kognitiv zur Verfügung. Der Zeigarnik-Effekt ist ein Kernelement im Verständnis, wie Aufmerksamkeit und Gedächtnis zusammenarbeiten und wir unser Verhalten und Entscheidungen beeinflussen können.

Nutzen wir den Zeigarnik-Effekt um ungelöste Probleme zu priorisieren und sie **direkt zu erledigen**, steigern wir unsere Produktivität und reduzieren gleichzeitig den Stress. Arbeiten wir im Singletasking-Modus (siehe Modul 3) konzentriert, strukturiert und gezielt an unseren Aufgaben, ist es für uns ein Wohlgefühl, eine Aufgabe nach der anderen zu erledigen.

Der Schriftsteller Ernest Hemingway ist einen besonderen Weg im Umgang mit dem Zeigarnik-Effekt gegangen. Er hat seine Schreibtätigkeit bewusst an einer Stelle unterbrochen, an der er wusste, wie es weitergehen würde und theoretisch auch ohne Probleme hätte weitermachen können. Dadurch war für ihn der Wiedereinstieg am nächsten Tag leichter. Damit hat er seine Motivation erhöht, um am nächsten Tag möglichst schnell wieder in das Thema und den Schreibfluss ohne Arbeitsblockaden zu kommen. Dem Gehirn wurde mit der bewussten Unterbrechung ein Abschluss signalisiert. Diese Arbeitsweise ist auch unter dem Namen »Hemingway-Methode« bekannt.

Bei längerfristigen Aufgaben und Projekten solltest du es wie Hemingway machen: an den Stellen unterbrechen, wo du im *Flow* bist und genau weißt, wie und wann du weitermachst. Mit einem klaren Plan und einer genauen Vorstellung kehrst du dann wieder mit einem leichteren Einstieg an die Arbeit zurück.

7. Persönlichkeit und individuelle Planung

Es gibt einen bereits erwähnten Zusammenhang zwischen der Struktur der Persönlichkeit und der Art und Qualität des Selbst-, Ziel- und Prioritätenmanagements. Menschen haben verschiedene Affinitäten zur schriftlichen Planung von Terminen. So konnte bereits ein Zusammenhang zwischen Gewissenhaftigkeit[29] und der Affinität, Organisations- und Planungstools zu nutzen, nachgewiesen werden (vgl. MacCan & Roberts 2010):

Menschen, die über einen **hohen Rot-Anteil** verfügen, erkennen meist schnell den Vorteil des Planungsinstruments. Rote setzen pragmatisch dasjenige ein und um, was ihnen nutzt - nicht mehr, aber auch nicht weniger! Menschen mit **hohem Gelb-Anteil** haben häufig wenig Begeisterung für die Nutzung eines Planungsinstruments. Doch sie können insbesondere davon profitieren, wenn es ihnen hilft, die als lästig empfundenen Routineaufgaben *EffEff* zu bearbeiten, um dadurch gewonnene Zeit so für ihre oftmals kreativen Projekte nutzen zu können.

Menschen mit **hohem Grün-Anteil** lehnen die Nutzung eines für sie ungewohnten Planungsinstruments gleichfalls zunächst ab, möchten dann jedoch bald auf die Ratschläge anderer vertrauen und starten, so dass sie sukzessive den Nutzen erkennen können, Gewohnheiten ausbilden und schließlich ein Planungsinstrument nicht mehr missen möchten. Erfahrungsgemäß empfinden Grüne eine Änderung ihrer bisherigen Gewohnheiten zunächst als nicht wünschenswert oder sogar unangenehm. Ist jedoch Erfolg erkennbar, kann das neue Verhalten durchaus künftig zur

[29] In diesem Kontext haben die Wissenschaftler das Big-Five Persönlichkeitsinventar genutzt und die Studie mit Studenten durchgeführt. Der Big-Five definiert »Gewissenhaftigkeit« u. a. mit Ordnungssinn und Zielstrebigkeit, also Eigenschaften, die im DISG-Modell tendenziell bei Blau- oder Rot-Typen anzutreffen sind.

Gewohnheit werden.

Menschen mit **hohem Blau-Anteil** würden ein Planungsinstrument erfinden, wenn es ein solches noch nicht gäbe. Gegebenenfalls verspüren sie sogar den Drang, die auf dem Markt vorhandenen Planungssysteme aufgrund eigener Erfahrungen und Bedürfnisse zu verbessern.

8. Freizeit als fester Bestandteil der Wochenplanung

Zu deiner Wochenplanung gehört nicht nur die Zeit, die du für deine Arbeit nutzt, sondern auch deine Freizeit. Denn Zeit- und Prioritätenmanagement sollte für eine ganzheitliche Planung genutzt werden. Dazu gehört auch, Zeit für Ausgleich und Regeneration zu schaffen. In jeder Tages- und Wochenplanung sollte es daher Phasen für erholsame Aktivitäten geben sowie Zeit, die bewusst nicht verplant wird. Auch hierbei gilt das Prinzip von Wichtigkeit und Dringlichkeit:

- ▷ Gesundheit ist immer wichtig und dringend und hat daher die Priorität einer A- oder B-Aufgabe.
- ▷ Freizeitaktivitäten, die dem persönlichen Ideal von Erfolg und Freude entsprechen, sind wichtig, um Energie zu schöpfen.
- ▷ Erholung ist manchmal wichtiger als die sofortige Fertigstellung eines Projektes.
- ▷ Erholung ist wichtig und Voraussetzung, um langfristig gesund und daher effektiv auf seine Ziele hinarbeiten zu können.
- ▷ Genügend Schlaf ist Voraussetzung, um sich tagtäglich regenerieren zu können.
- ▷ In langfristig belastenden Situationen ist ein effektiver Ausgleich dringend.

Eine solche Liste ließe sich weiter fortführen und ergänzen. Pausen für die Regeneration sind für die Zielerreichung essenziell und sollten daher fest eingeplant sein. Diese Phasen der Entspannung und des Ausgleichs sollten von dir so gestaltet sein, dass du dich anschließend wirklich gut fühlst. Um welche Aktivitäten es sich dabei handelt, kann sehr individuell sein. So können soziale Kontakte ausgleichend wirken, was vor allem bei menschenorientierten Typen der Fall ist, während hingegen aufgabenorientierte Personen sich lieber einem persönlichen Projekt widmen. Wichtig ist, dass Freizeitaktivitäten nicht zu sozialem Stress führen, wenn sie extrinsisch, also von Erwartungen anderer, bestimmt sind.

Grundsätzlich ist Freizeit wortwörtlich als **frei(e) Zeit** zu betrachten. Achte daher stets darauf, ob du dich aus eigenem Wunsch heraus für die Aktivitäten, die in dieser Zeit liegen, entschieden hast und gib auch deiner Freizeit hohe Priorität!

Schreibe nun zwei deiner liebsten Freizeitbeschäftigungen auf. Wichtig dabei ist, dass diese Beschäftigungen wirklich für dich persönlich einen Ausgleich bieten, also intrinsisch motiviert sind und du dich anschließend zufrieden und glücklich fühlst. Sorge dafür, dass du genügend Zeit eingeplant hast, diese Beschäftigungen durchzuführen und sorge ebenfalls dafür, dass du während dieser Beschäftigung keine Ablenkung erfährst: Zu einer ganzheitlichen Tages- und Wochenplanung gehört es auch, dass dein persönliches Wohlbefinden mit hoher Priorität behandelt wird.

Damit verbringe ich gerne meine frei(e) Zeit:

____

____

____

Wie kann ich diesen Beschäftigungen mehr Priorität zuwenden?

____

____

____

5. Wir fassen zusammen

- ▷ Die individuelle Tagesleistungskurve bestimmt, zu welchen Tageszeiten besonders gut gearbeitet werden kann
- ▷ Transparenz und der Fokus auf das Wesentliche, helfen zu einem guten Wochenüberblick
- ▷ Beginne jeden Tag möglichst mit den wichtigsten Aufgaben
- ▷ Schon kleine Änderungen der Prioritäten in der Wochenplanung wirken sich positiv aus
- ▷ Da dein Wohlbefinden und deine Gesundheit von langfristiger Priorität sind, gehören diese in jeder Wochenplanung mit hoher Wichtigkeit berücksichtigt
- ▷ Zuerst wichtige und schwierige Aufgaben abschließen
- ▷ Mit der Hemingway-Methode wieder in unterbrochene Aufgaben hineinfinden

Methode Team
EffEff-Gruppenarbeit
Besprechungs-Management
Das kollektive Zeitkapital
Nutzen von
Check- & Personen- Aktivitäts-Listen
Zeit *EffEff* gemeinsam nutzen
Modul
VI

Modul VI Zeit *EffEff* im Team

In diesem Modul wirst du erfahren:

- ▷ welche Potenziale das Arbeiten in Gruppen freisetzt
- ▷ wie effektive Gruppenarbeit zu hervorragenden Ergebnissen in kürzerer Zeit für den Einzelnen führen kann
- ▷ wie du stressfrei, möglichst gut vorbereitet, in Besprechungen bist
- ▷ wie mit vier Aspekten die Teamarbeit optimiert werden kann
- ▷ wie mit einer Personen-Aktivitäts-Liste eine Übersicht erstellt wird, welche Themen du mit wem besprichst
- ▷ wie mit einem guten Besprechungs-Management und Checklisten eine *EffEff* Arbeitsvorbereitung organisiert wird

1. Das kollektive Zeitkapital

Bei einem gelungenen Prioritäten- und Selbstmanagement spielt das persönliche soziale Umfeld eine große und entscheidende Rolle. Du wirst gewiss festgestellt haben, dass keineswegs nur du allein, sondern auch dein Umfeld von deinem Zeit- und Selbstmanagement beeinflusst wird (siehe Modul IV, *Lewin-Formel*). Wie wir mit unserem Umfeld umgehen, hat gleichzeitig einen großen Einfluss auf uns selbst. Wer seine Termine sorgfältig plant, wird auch verantwortungsbewusst mit der Zeit seiner Mitmenschen umgehen. Wenn wir in einem Team arbeiten, ambitioniert einem Hobby nachgehen, das in einer Gruppe ausgeführt wird oder einfach Zeit mit Freunden, Partnern oder Familie verbringen, sind alle mitverantwortlich für das, was in der gemeinsamen Zeit geschieht.

Um in einem Team ein gelungenes Prioritätenmanagement zu erreichen, sind einige essenzielle Grundsätze zu beachten. Doch zunächst stellen wir uns die Frage, was ein

Team auszeichnet. Dies mag vielleicht wie eine rhetorische Frage klingen, doch bei genauerem Überlegen ist es gar nicht so einfach, zu definieren, was ein Team kennzeichnet. Wir versuchen es trotzdem:

Eine Gruppe von Menschen, die individuelle Erfahrungen und unterschiedliche Stärken mitbringt, um diese für die Erreichung gemeinsamer Interessen und Ziele und daraus resultierenden Aufgaben einzusetzen.

Auch ein Team verfügt über ein kollektives Zeitkapital, da mehrere Menschen zeitgleich an einem Projekt arbeiten. So kann die Energie, die in die Zielerreichung investiert wird, deutlich erhöht werden. Gleichzeitig kann aber auch durch eine ineffiziente Teamarbeit sehr viel kollektives Zeitkapital vergeudet werden. Das kollektive Zeitkapital lässt sich ganz einfach berechnen:

Personenzahl x jeweils individueller Zeiteinsatz = Kollektives Zeitkapital

Wendet man diese ›Formel‹ nun an konkreten Beispielen an, erhält man verblüffende Ergebnisse:

- Eine 15-minütige Präsentation vor einer Gruppengröße von 20 Menschen ergibt 300 Minuten, also fünf Stunden.
- Eine Teambesprechung von zwei Stunden mit fünf Teammitgliedern ergibt zehn Stunden (= ein Arbeitstag mit Überstunden).
- Ein Sinfonieorchester, das aus 70 Musikern besteht, probt drei Stunden an einem Werk, das ergibt 210 Stunden, was einer Dauer von beinahe neun Tagen entspricht.
- Während eines 90-minütigen Fußballspiels, bei dem 40.000 Zuschauer anwesend sind, beträgt das kollektive Zeitkapital 60.000 Stunden, was mit 2.500 Tagen rund 6,8 Jahren entspricht.

2. Methode TEAM

Möchte man die Teamarbeit für alle Beteiligten sinn- und erfolgsorientiert gestalten, bietet es sich an, die folgenden Aspekte zu beachten:

Transparenz:
Das Ziel der Teamarbeit sollte für alle Beteiligten gleich ausgerichtet sein. Wenn sich ein Team bildet, ist eine gemeinsame, transparente Erarbeitung der Zielformulierung (idealerweise SMART), am besten schon zu Beginn, Voraussetzung. Denn wenn die einzelnen Teammitglieder völlig unterschiedliche Ziele verfolgen und Erfolg sehr unterschiedlich für sich definieren, ist das Scheitern vorprogrammiert. Indem Ziele gemeinsam definiert werden, können konkrete Aufgaben formuliert werden, welche für die gesamte Gruppe wichtig und zielweisend ist.

Während jeder Mensch von Natur aus sehr individuelle Ziele und Definitionen von Erfolg hat, bilden Gruppenziele immer eine Schnittmenge aus den Interessen aller Mitglieder. Wenn sich ein neues Team formt, sollte diese Thematik transparent besprochen werden, denn je klarer sich die gesamte Gruppe darüber ist, welche Ziele sie warum gemeinsam verfolgt und was die einzelnen Mitglieder für Motivationen haben, desto stärker ist das gemeinsame Fundament.

Eigenverantwortlichkeit:
Jedes Teammitglied trägt Eigenverantwortung für seinen Beitrag zum Gruppenerfolg. Um ein gemeinsames Ziel zu erreichen, ist es wichtig, dass jeder seine Stärken einbringt. Das bezieht sich auch auf Aufgaben, die man nicht zusammen in der Gruppe, sondern einzeln für die Gruppe erledigt. Wer sich selbst organisiert und sich in der Gruppe verpflichtet fühlt, hilft dem Team. Teamarbeit ist nicht nur das, was man gemeinsam bewirkt, sondern auch das, was man alleine für das gemeinsame Projekt beiträgt!

Aufgabenteilung:

Aufgaben werden so aufgeteilt, dass sie den spezifischen Stärken der einzelnen Teammitglieder entgegenkommen. Dies ist einer der größten *EffEff*-Faktoren in Bezug auf das Zeitmanagement von Teamarbeit. Wenn jedes Teammitglied sich auf seine Art und Weise ideal in das Projekt einbringen kann, profitieren alle davon. In diesem Fall ist von dem Gebot »Beginne mit der Aufgabe, die dich zunächst am wenigsten motiviert«, für das Selbst(!)-Management abzuweichen. Stattdessen lautet das Gebot für das Gruppen(!)-Management: »Besprecht gemeinsam, wer welche A-Aufgaben am besten kann und gerne erledigen möchte«.

Miteinander:

Teamarbeit führt zu Stress, sobald in der Gruppe Uneinigkeit herrscht, was Blockaden im Projekt verursacht. Besonders wichtig ist es, dass man im Miteinander die gemeinsamen Ziele im Fokus behält. Hilfreich kann es sein, über Motivationen zu sprechen, um sich situativ ihrer noch einmal bewusst zu werden. Mit der Methode TEAM, können folgende Stichpunkte als Gesprächsleitfaden für gemeinsame Absprachen dienen:

1. Was ist unser Ziel als Gruppe? Was sind unsere individuellen Ziele und was haben diese mit dem Gruppenziel zu tun? Bis wann sollen diese Ziele erreicht sein?
2. Wer bringt welche Stärken mit? Wer übernimmt gerne welche Art von Aufgaben? Diese Absprache hilft, besser untereinander zu delegieren.
3. Welche (Teil-)Aufgaben lassen sich besser einzeln, in Teilgruppen oder als Gesamtgruppe bearbeiten?
4. Das Führen einer Aktionsliste wirkt sich positiv auf die Teamarbeit aus. Sie enthält die Zielformulierung mit einer Übersicht, wer welche Aufgaben übernimmt sowie Start und Ende. Die Aktionsliste sollte als gemeinsames Dokument zentral verfügbar sein, so dass alle den Fortschritt jederzeit verfolgen können.

Hinsichtlich der unterschiedlichen Persönlichkeitseigenschaften ist anzumerken, dass Teamarbeit dann am erfolgreichsten ist, wenn alle vier Eigenschaftsbündel jeweils in einer starken Ausprägung im Team vorhanden sind und die Grundverschiedenheit von allen als Chance und Bereicherung verstanden, d. h. akzeptiert wird.

So können beispielsweise Teammitglieder, die über eine stark ausgeprägte Initiative verfügen, reichlich Ideen beisteuern, während Mitglieder, die über eine ausgeprägte Gewissenhaftigkeit verfügen, Pläne und Konzepte erstellen, wie diese Ideen qualitativ hochwertig umgesetzt werden. Rote können gut das Team ›pushen‹ und klare Ziele vorgeben, während Grüne darauf achten, dass das Miteinander im Team harmoniert und sich alle Mitglieder in ihren Interessen und Wünschen verstanden fühlen.

3. Personen-Aktivitäts-Listen

Um deine Kommunikation wertschätzender und *EffEff* zu gestalten, können jeweils individuell Personen-Aktivitäts-Listen geführt werden. Dazu werden für alle Personen, mit denen eine regelmäßige und intensive Kommunikation besteht, Blanko-Blätter (mit dem Namen der jeweiligen Person) angelegt. Das können alle Menschen sein, mit denen häufig Kontakt besteht, wie Freunde, Angehörige, Dozenten/Lehrer, Kollegen etc. Insgesamt sollten der Übersicht halber maximal 15 Namen bzw. Blätter nicht überschritten werden. Sobald dir ein Gedanke in Bezug auf eine Idee, Information, Aufgabe, Frage etc. kommt, die mit einer dieser Personen zu tun hat, notiere dies in Stichworten auf dem jeweiligen Personen-Blatt. Diese Gedanken dienen als Grundlage für das nächste Gespräch mit der betreffenden Person. Zum einen wird es dadurch zur Routine, Gesprächssituationen mit vorbereiteten Gedanken durchzuführen. Zum anderen störst du deine Partner nicht jedes Mal, wenn du den Impuls verspürst, ihnen etwas mitteilen zu müssen.

Eine solche Liste kann zu einer wertschätzenden Kommunikation beitragen, da die gemeinsame Zeit - unabhängig davon, ob es sich um ein geschäftliches, freundschaftliches oder partnerschaftliches Verhältnis handelt - sinnstiftend genutzt werden kann:

Mit diesen Personen habe ich regelmäßig Kontakt

1 ________________________________

2 ________________________________

3 ________________________________

4 ________________________________

5 ________________________________

4. Besprechungs-Management

Für erfolgreiche Besprechungen mit einem *EffEff*-Sitzungsverlauf ist die Vorplanung sehr wichtig. Dazu werden die einzelnen Themen in aufgegliederten Tagesordnungspunkten dargestellt. Mit der Einladung kannst du schon die Agenda für die Besprechung kommunizieren. So haben alle Teilnehmer die Möglichkeit, sich auf die Besprechung vorzubereiten. Die Agenda ist der rote Faden des Gesprächsablaufs, so dass jeder weiß, wann und wo er seine Gedanken und Ideen einbringt. In einer optimalen Vorbereitung werden alle wichtigen Punkte wie folgt in der Einladung/Agenda aufgegliedert:

Einladung/Agenda	Name/Anlass
Datum	Teilnehmer
Ort	Moderator
Protokollführer	Beginn
Themen gelistet	Verantwortlichkeiten
Uhrzeit	Dauer

Die Liste ist während der Besprechung für alle sichtbar dargestellt. Neue Ideen, Vorschläge und Anforderungen werden als zusätzliche Punkte aufgenommen.

In der Aktionsliste wird festgehalten:

- ▷ Welche Maßnahmen, Aktionen beschlossen werden
- ▷ Wer dafür zuständig ist bzw. die Verantwortung hat
- ▷ Wann damit begonnen wird
- ▷ Wann es abgeschlossen sein soll
- ▷ Darstellung des Fortschrittes der Bearbeitung

In jeder Besprechung wird die Aktionsliste präsentiert, die Verantwortlichen berichten über ihre Aktivitäten und Fortschritte. Die Liste wird mit neuen Aufgaben und Aktionen ergänzt und erledigte Aufgaben werden in einer Ablageliste archiviert.

5. Nutzen von Checklisten

Für die Arbeitsvorbereitung im persönlichen Arbeitsfeld, wie auch im Team, ist das Erstellen von Checklisten sehr hilfreich, indem zu erledigende Aufgaben systematisch erfasst und nach vollständiger Bearbeitung abgehakt werden können. Dadurch wird der Erfolg sichtbar und kontrollierbar. Eine Checkliste besteht aus einer Reihe von Fragen, die man während der Behandlung einer Aufgabe nicht übersehen sollte. Es lohnt sich, für alle wesentlichen, sich wiederholenden Aufgaben, je eine Checkliste anzulegen und kontinuierlich wie folgt zu nutzen:

Vor dem Start einer wichtigen Aufgabe den voraussichtlichen Ablauf visualisieren und notieren (= erster Checklistenentwurf).

1. Die Aufgabe nach dem vorgesehenen Ablauf reflektieren.
2. Nach Erledigung den Checklistenentwurf überprüfen und modifizieren!

3. Bei einem weiteren Arbeitsgang gemäß Ziffer 3 vorgehen.
4. Die Checkliste hat dann in der Regel eine optimale Fassung, was allerdings weitere Verbesserungen aufgrund neuer Erfahrungen nicht ausschließt!

Vor allem für komplexe Routineaufgaben empfehlen sich Checklisten(entwürfe), die einmal erstellt, jederzeit zur Verfügung stehen. Bis diese sich bewährt haben, müssen zunächst Ideen und Entwürfe gesammelt werden, die sukzessiv genutzt und dabei ständig verbessert werden. Checklisten sind auch im Berufsalltag sehr wertvolle Hilfen für eine qualitative Delegation.

6. Umgang mit Zwischenfällen

Es kann passieren, dass sich deine Planung kurzfristig ändert, wodurch sich deine Prioritäten ungewollt verschieben. Dies ist beispielsweise der Fall, wenn etwa wichtigere und dringendere Dinge zu erledigen sind als das eigentlich Geplante. Wenn die notwendige Folge daraus ist, dass andere Termine abgesagt oder verschoben werden müssen, kann dies, je nach Persönlichkeitstyp, zu hohem (sozialem) Stress führen. Passiert dir dies häufiger, bist du in deiner Prioritätensetzung möglicherweise noch nicht konsequent genug oder du hast zu viele Termine geplant. Frühzeitige Reduktion aufs Wesentliche kann solchen Situationen langfristig vorbeugen. Je nach persönlicher Ausprägung kann ein unterschiedliches Maß an geplanten Terminen ideal sein.

Rote können häufig gut mit vielen, eng getakteten Terminen umgehen. Bei kurzfristigen Zwischenfällen können sie schnell Entscheidungen treffen, wie sie weiter vorgehen möchten. Rote, deren Schwäche ein zu dominantes oder direktes Auftreten sein kann, können recht temperamentvoll auf kurzfristige Änderungen ihrer Planung reagieren, was auf andere unangenehm wirken kann.

Gelbe haben aufgrund ihres eher spontanen Temperaments eine gewisse Toleranz gegenüber Zwischenfällen, vorausgesetzt, es kommen nicht plötzlich neue Aufgaben hinzu, was dann schnell als Überforderung empfunden wird, was zu Chaos führen kann. In diesem Zusammenhang sollten Gelbe nicht vorschnell Zusagen aussprechen, die sie schlussendlich nicht einhalten können.

Grüne fühlen sich durch Zwischenfälle schnell unter Druck gesetzt. Insbesondere sozialer Stress kann sie blockieren. Wenn Grüne in ihrer achtsamen Art Aufgaben sensibel schrittweise erledigen, hilft es ihnen, nach außen hin ihre Prioritäten klar vertreten zu können. Einige Zwischenfälle lassen sich auf andere Tage verschieben

Blaue mögen aufgrund ihres strukturierten Charakters keine Unterbrechungen. Wenn sie alleine an einem Projekt arbeiten, bringen sie oft ein hohes Maß an Geduld mit und begegnen unvorhergesehenen Problemen zielorientiert und analytisch. Um jedoch hinzukommende Zwischenfälle, die ihre qualitätsorientierte Arbeitsweise stören, zu vermeiden, bietet sich konsequentes Terminieren an.

6. Wir fassen zusammen

- ▷ In Gruppen erhöht sich das aufgewandte Zeitkapital enorm
- ▷ Es sollten alle unterschiedlichen menschlichen Stärken vertreten sein, was hilft, Aufgaben *EffEff* zu verteilen
- ▷ Gemeinsame Ziele sind essenziell, um gemeinsam denselben Weg zu gehen
- ▷ Ziele, persönliche Motivationen und Aufgabenverteilung abzustimmen, kann Teamarbeit effizienter und für alle Beteiligten sinnstiftender machen
- ▷ Eine Personen-Aktivitäts-Liste fördert die Qualitätszeit in allen sozialen Kontakten
- ▷ Gutes Besprechungsmanagement fördert die Motivation, den Teamgeist und ist sogar zeiteffizient
- ▷ Um sozialen Stress zu reduzieren, hilft Reflexion und Kommunikation bei Zwischenfällen oder Störungen

Poka Yoke:
präventive
Qualitätssicherung
Pomodoro-Technik
Flow-Kanal
Balance: Anforderungen/Fähigkeiten
EffEff mit
wirkungsvollen Tools
Modul
VII

Modul VII *EffEff*-Mental- und Handlungsprozesse

Im Rahmen der Modul-Lernziele erfährst du

- ▷ wie du im Gleichgewicht deiner persönlichen Fähigkeiten und den Anforderungen von Aufgaben den Weg zu deinen Zielen leichter, angenehmer und produktiver gestaltest
- ▷ was *flow*-Zustände sind und wie du sie herbeiführen kannst
- ▷ welchen Nutzen dir *flow* für den Umgang mit der Zeit bringt
- ▷ wie du in optimal fokussierter Aufmerksamkeit deine Ziele erreichst
- ▷ wie du unter schwierigen Umständen deine Aufgaben vertieft und konzentriert bearbeitest
- ▷ wie sich mit *flow* auch ein Teamnutzen bewirken lässt
- ▷ wie mit der Pomodoro-Technik in der Einzel- und Teamarbeit in kurzen Zeitfenstern ein vorher festgelegtes Thema erarbeitet wird
- ▷ wie mit dem Prinzip Poka Yoke Arbeitsabläufe so gestaltet werden, dass automatisch Fehler vermieden werden (Volksmund: ›idiotensicher‹)

1. *Flow*-Erleben und seine Merkmale

Wir haben schon alle erlebt, wie wir tief versunken und selbstvergessen in eine Aufgabe eingetaucht sind und die Aktivitäten leicht und anstrengungslos ablaufen. In den letzten Jahren hat dieser Bewusstseinszustand in der Forschungsliteratur zunehmend an Bedeutung gewonnen und wurde in vielen Lebensbereichen kultiviert. Dieser Zustand mit der ganzheitlichen Arbeitsweise des Gehirns wird *flow*-Erleben genannt.

Flow wurde vom Pionier der Glücksforschung, dem kalifornischen Psychologieprofessor Mihály Csíkszentmihályi, beschrieben als Zustand

»optimaler Erfahrungen«.

Mihály Csíkszentmihályi bezeichnet den *flow*-Zustand als völlige mentale Vertiefung (Konzentration) und volles Aufgehen in einer Tätigkeit. Durch Beobachtungen in verschiedenen Lebensbereichen konnte er seine Theorie entwickeln und in zahlreichen Beiträgen und Büchern weltweit veröffentlichen. Ein Großteil von Csíkszentmihályis Pionierarbeit lag seiner innovativen Verwendung von Pagern und Fragebögen zugrunde, um eine Datenbank zu erstellen, die auf den Selbstberichten der Menschen über ihre alltäglichen Erfahrungen basiert. Die Theorie des *flow* konnte inzwischen durch zahlreiche Studien wissenschaftlich belegt werden.[30] Untersuchungen mit unterschiedlichen Testgruppen weisen auf die Universalität des *flow*-Phänomens hin.

Die bei seinen Beobachtungen und Tiefeninterviews gewonnenen Erkenntnisse über die Eigenschaft des subjektiven Erlebens im freudigen, selbstvergessenen Tätigsein, fasst Csíkszentmihályi in acht charakteristischen Komponenten des *flow*-Erlebens zusammen.

---

[30] z.B. Urs Hugentobler (2011). Messen von *flow* mit EEG in Computerspielen. Dissertation. Zürich.

In seinem Werk *flow im Beruf*[31] beschreibt er die acht essenziell relevanten Punkte:

- ▷ Die Ziele sind klar und immer bewusst, man weiß genau, was getan werden muss.
- ▷ Die Rückmeldung kommt sofort.
- ▷ Handlungsmöglichkeiten und Fähigkeiten entsprechen einander.
- ▷ Die Konzentration steigt.
- ▷ Was zählt, ist die Gegenwart.
- ▷ Die Situation wird beherrscht.
- ▷ Das Zeitgefühl verändert sich.
- ▷ Das Ich-Bewusstsein setzt aus.

Er nennt den *flow* die autotelische Erfahrung. Autotelisch kommt vom griechischen »auto« = selbst und »telos« = Ziel.

Wie bereits erwähnt, haben wir alle schon erlebt, dass wir in einer Aktivität im Beruf, Hobby alles um uns herum vergessend, in der Tätigkeit vertieft, in unserer Handlung aufgegangen sind. Auch Mihály Csíkszentmihályi hat diesen Zustand des vollkommenen Eintauchens beim Bergklettern, Musizieren oder während einer guten Schachpartie oft am eigenen Leib erfahren. Selbst in den Kriegsjahren, als ihn tiefe Ängste quälten und er dachte, die Welt würde zu Ende gehen, konnte er sich stundenlang völlig in ein Schachspiel vertiefen.

Aus diesem Erleben heraus hat er dieses Phänomen erforscht und bei seinen umfangreichen Studien festgestellt, dass nicht der Inhalt einer Aktivität, sei es Tennis spielen, einen Blinddarm operieren oder am Fließband stehen, die *flow*-Aktivität ausmacht, sondern eine bestimmte Qualität.

---

[31] Vgl. Mihály Csíkszentmihályi (2004). *Flow* im Beruf, das Geheimnis des Glücks am Arbeitsplatz. Stuttgart. S. 63 ff.

Ihr Merkmal ist ein Zustand des völlig konzentrierten Vertiefens in eine Aktivität, wobei gegenwärtige Sorgen und Probleme völlig aus dem Fokus verschwinden.

Nachstehend sind die acht essenziell relevanten Punkte mit erweiternden, ergänzenden Informationen beschrieben:

1. Die Ziele sind klar und immer bewusst, man weiß genau, was getan werden muss.

   Ziele sind schon im Vorfeld der Handlung klar definiert, denn sie bestimmen den Weg und die Richtung des Handelns. Der Rahmen ist klar abgesteckt, so dass die Ziele messbar und erreichbar sind. Eine Aufteilung in Haupt- und Zwischenziele erhöhen Übersicht und Konzentration. Sie geben uns in jedem Augenblick Orientierung zum zielorientierten Handeln. Ist der Prozess im Laufen, so ist bei jedem Schritt bewusst, welche Folgehandlung durchzuführen ist.

   Csíkszentmihályi beschreibt dies am Beispiel eines Bergsteigers:

   »Was beispielsweise die Aufmerksamkeit des Kletterers gefangen nimmt, ist nicht das Endziel - das Erreichen des Gipfels -, sondern die unmittelbar anstehende Aufgabe, die nächste Bewegung auszuführen, ohne dabei abzustürzen«.[32]

Der Langsamste, der sein Ziel nicht aus den Augen verliert, geht noch immer geschwinder, als jener, der ohne Ziel umherirrt

(Gotthold Ephraim Lessing)

[32] Vgl. Csíkszentmihályi 2004, S. 63.

2. Die Rückmeldung kommt sofort.

   Die gefühlten Rückmeldungen der Handlungen werden klar und deutlich wahrgenommen. Und das, ohne über den Verlauf der Handlung nachdenken zu müssen, was zu tun ist. Das sofortige Empfinden in der Wahrnehmung einer Aktivität erzeugt das Gefühl des Eingebundenseins in der Tätigkeit. Zum Beispiel sind die Klänge, die ein Pianist durch das Drücken der Tasten erzeugt, eine solche Rückmeldung. Dieses unmittelbare Feedback für das eigene Handeln zeigt, dass wir auf dem richtigen Weg zur Zielerreichung sind und stabilisiert bzw. stärkt den *flow*-Zustand.

3. Handlungsmöglichkeiten und Fähigkeiten entsprechen einander.

   Die optimale Passung von Anforderungen einer Aufgabe mit den Fähigkeiten der ausführenden Person ist für Csíkszentmihályi eine wesentliche Voraussetzung für das *flow*-Erleben. Die Balance zwischen Herausforderung und Können ist von großer Wichtigkeit. Aufgaben und Fähigkeiten befinden sich im Gleichgewicht. Eine optimale Anpassung der Anforderungen einer Aufgabe mit den Fähigkeiten der ausführenden Person geben ihr das Gefühl, optimal beansprucht zu sein und das Geschehen unter Kontrolle zu haben. Ist die Aufgabe zu schwer und überfordert, löst sie Angst und Stress aus. Unterschreitet die Anforderung die Fähigkeiten, kommt Langweile und Lethargie auf. Wichtig ist auch zu wissen, dass die Balance zwischen Können und Tun nicht starr ist, sondern sich laufend mit mehr Erfahrung und Wissen verändert und eine größere Komplexität aufgebaut wird.

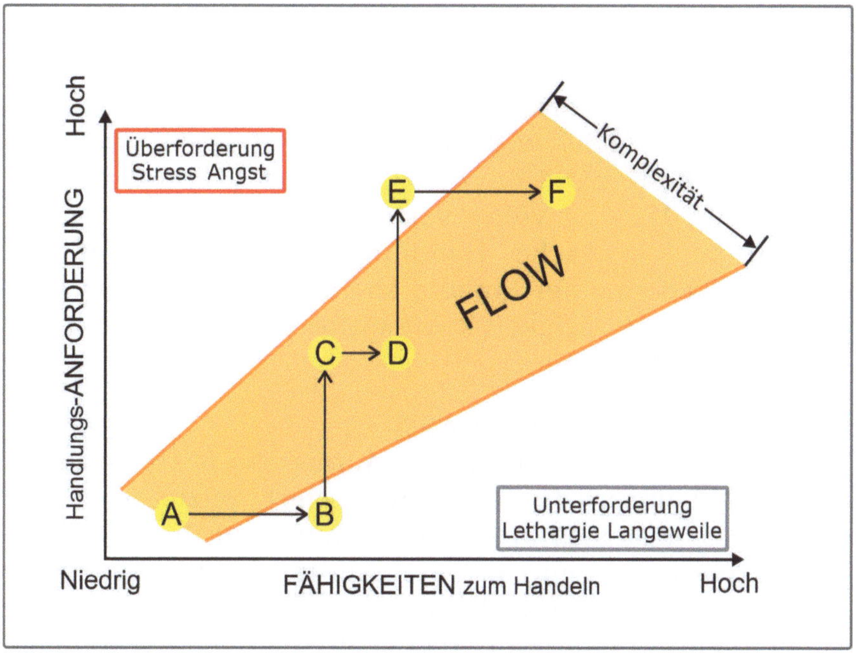

Abbildung 24: Flow-Kanal, Fähigkeiten & Anforderungen

A Die Anforderungen und Fähigkeiten sind noch sehr gering. Mit beharrlichem Fortführen der Tätigkeit steigern sich die Fähigkeiten.

B Bei gleichbleibender Anforderung kommt Langweile auf.

C Die Anforderungen sind gestiegen und *flow* ist wieder da.

D Anforderungen und Fähigkeiten sind im Gleichgewicht und lösen ein angenehmes Gefühl von optimaler Beanspruchung (*flow*) aus.

E Die Anforderungen sind so gestiegen, dass sich leichter Stress aufbaut.

F Die Fähigkeiten sind gestiegen und man ist wieder voll im *flow*.

4. Die Konzentration steigt.

   Die klaren Ziele und die sofortige Rückmeldung stabilisieren den Aufmerksamkeitsfokus auf die Tätigkeit. Man muss sich nicht willentlich konzentrieren, vielmehr kommt Konzentration wie von selbst, ganz so wie die Atmung. Man ist völlig vertieft und hochkonzentriert, ganz bei der Sache. Handlung und Bewusstsein verschmelzen zu einer Einheit, so dass außerhalb des Aktionsfeldes der Tätigkeit keine weiteren Reize mehr wahrgenommen werden.

5. Was zählt, ist die Gegenwart.

   Im *flow*-Zustand ist unsere Aufmerksamkeit vollkommen auf unsere Handlung fokussiert. Dazu ist es notwendig, dass sich die Wahrnehmung auf die Reize und Informationen zentriert, die unmittelbar mit der Aktivität zu tun haben und alle anderen ausgeblendet werden. Die mentale Energie des Bewusstseins ist vollkommen gebündelt auf eine Tätigkeit ausgerichtet. Vergangenheit und Zukunft treten in den Hintergrund, die Aufmerksamkeit auf das Hier und Jetzt ist voll ausgerichtet.

   Csíkszentmihályi beschreibt diesen Zustand:

   »Wenn das Spiel mich packt, höre ich sozusagen nichts mehr - die Welt scheint von mir abgeschnitten und es gibt nur das Spiel als Gegenstand meines Denkens.«[33]

6. Die Situation wird beherrscht.

   In Anpassung an die Erfordernisse der Situation geht man ganz in der eigenen Aktivität auf (sogenanntes »Verschmelzen« von Selbst und Tätigkeit) und fühlt sich selbst als Teil der Aktivität. Das verstärkte Kontrollgefühl über die Handlungen löst ein Empfinden aus, als wären wir von einer Energiewelle getragen, welche die Situation voll beherrscht.

[33] Vgl. Csíkszentmihályi, M. (1999). Lebe gut. Stuttgart. S. 64.

7. Das Zeitgefühl verändert sich.

   Wenn wir derart in eine Tätigkeit eingetaucht sind, spielt Zeit keine Rolle mehr. In dieser Zeitwahrnehmung können Stunden vergehen wie Minuten. Es kann so weit kommen, dass wir die Zeit ganz vergessen.

8. Das Ich-Bewusstsein setzt aus.

   Mit dem Eintauchen in die Tätigkeit, verschmelzen Handlung und Bewusstsein zu einer Einheit, so dass sowohl die Umwelt, wie auch die eigene Person nicht mehr wahrgenommen werden. »Was gewöhnlich im *flow* verloren geht, ist nicht die Bewusstheit des eigenen Körpers oder der Körperfunktionen, sondern lediglich das Selbst-Konstrukt, die vermittelnde Größe, welche wir zwischen Stimulus und Reaktion einzuschieben lernen«.[34]

Mit zunehmender Verwirklichung aller acht Punkte entwickelt sich ein verstärkender, stabilisierender ›*flow*-Akkord‹.

Der Zugewinn an Komplexität in diesem Prozess führt zu einem persönlichen Wachstum. Im Leistungssport und auch zunehmend in *EffEff*-ausgerichteten Unternehmen wird das *flow*-Erleben gefördert, so dass alle Anwender in optimalen Erfahrungen, mit weniger mentaler Energie und geringerem physischen Einsatz, zufriedener ihre Ziele erreichen. So steht die Definition von *STUFEN ZUM ERFOLG*

ERFOLG ist die innere ZUFRIEDENHEIT
aufgrund von Art und Grad SINN-basierter ZIELERREICHUNG
im Hinblick auf die individuelle PERSÖNLICHKEITS-STRUKTUR

voll im Einklang mit *flow*. Bei innerer Zufriedenheit in sinnvoller, auf Ziele ausgerichteter Tätigkeit, tritt *flow* voll und ganz ein. Um dies herbeizuführen, kann es helfen, mit der Pomodoro-Technik in einem 25-minütigem Zeitfenster zu starten, ob in der persönlichen Arbeitszeit oder im Team.

[34] Vgl. Csíkszentmihályi 1999, S. 67.

2. *Team-flow*

Team-*flow* ist ein gemeinsames *flow*-Erleben bei der Ausführung von Aufgaben in einer optimalen Teamdynamik mit mehr Arbeitszufriedenheit, Glück, Kreativität und Sinn.

Die Rollen im Team sind so zugeschnitten und verteilt, dass die einzigartigen Fähigkeiten (siehe Modul 2) jedes Teammitglieds bestmöglich genutzt werden. Sie übernehmen Aufgaben, die ihren individuellen Stärken entsprechen. Das heißt für das Team, dass synergetisch auf die gemeinsamen Ziele hingearbeitet wird.
Eine offene Kommunikation mit eindeutigen, konstruktiven und zeitnahen Feedbacks zu gemeinsamen Teamaufgaben und zum Prozess der Zusammenarbeit spiegeln den Teammitgliedern den Teamfluss. Durch Quadrantenverschiebungen im *Johari-Fenster* (siehe *Johari-Fenster*, Modul 2) verstärkt sich das Gefühl von Gemeinschaft, was den Team-*flow* verstärkt.
Immer mehr Firmen und sonstige Organisationen praktizieren Team-*flow*, weil diese Methodik eine wirkungsvolle Teamarbeit ermöglicht.

Einem Forscherteam rund um Mohammad Shehata vom California Institute of Technology in Pasadena[35] ist es gelungen, aufzuzeigen, was beim Team-*flow* im Gehirn passiert. Ihre Ergebnisse liefern den ersten neuronalen Beweis dafür, dass das *flow*-Erlebnis im Team ein qualitativ anderer Gehirnzustand ist, der sich vom sozialen Zustand und dem persönlichen *flow* deutlich unterscheidet. Zudem stellte das Forscherteam fest, dass sich die Gehirnwellen der Teammitglieder während des Team-*flows* synchronisierten.

[35] Shehata et al. (2021). Team-*flow* Is a Unique Brain State Associated with Enhanced Information Integration and Interbrain Synchrony. In: *ENEURO* 8/5.

3. Pomodoro-Technik

Eine bewährte Methode, um Aufgaben *EffEff* zu bearbeiten und einen *flow*-Zustand herbeizuführen, ist die von Francesco Cirillo konzipierte Pomodoro-Technik. Die Vorgehensweise ist höchst effektiv und zugleich absolut simpel:

1. Alle Aufgaben aufschreiben (wir erinnern uns: A hoch 3!).
2. Einen Timer auf 25 Minuten stellen und alle Störfaktoren ausstellen.
3. Eine Aufgabe bis zum Klingeln des Weckers bearbeiten.
4. Eine fünfminütige Pause einrichten.
5. Dieser Vorgang kann beliebig oft wiederholt werden. Dies kann, je nach Bedarf, mit derselben Aufgabe geschehen oder anderen Aufgaben, die auf der Tagesliste stehen. Nach vier Einheiten sollte jedoch eine größere Pause gemacht werden.

»Pomodoro« ist das italienische Wort für »Tomate«. Cirillo benannte die Technik nach einer tomatenförmigen Küchenuhr, mit der sie zum ersten Mal ausprobiert wurde. Die Technik ist deshalb so wirkungsvoll, da deine Aufmerksamkeit voll und ganz auf eine Aufgabe gerichtet wird. Zudem wird durch leichten Zeitdruck der Fokus konsequent auf das Wesentliche gelenkt. 25 Minuten sind eine Zeit, in der die Konzentrationsspanne gehalten werden kann, ohne zu anstrengend oder langatmig zu wirken. Insbesondere wenn du Probleme hast, mit einer Aufgabe zu beginnen, kann diese Technik als gute Starthilfe dienen. Auch, um ein Projekt zu perfektionieren und zu überarbeiten, kann sich das Aneinanderreihen mehrerer Einheiten bewähren.[36]

Was ist aktuell eine Aufgabe, die zwar nicht viel Zeit beansprucht, die du aber immer vor dir herschiebst? Wende die Pomodoro-Technik an! Auch beim gemeinsamen Brain-

[36] Siehe auch: Francesco Cirillo (2013). The Pomodoro Technique. (3. Auflage). Berlin.

storming oder dem aktiven Erarbeiten eines gemeinsamen Tageszieles, können durch diese Technik in kurzer Zeit wertvolle Ergebnisse in Gruppen erzielt werden. Gerade dann, wenn sich alle gemeinsam auf eine Aufgabe fokussieren, entsteht eine *EffEff*-Gruppendynamik, die sich durch die Anzahl der mitwirkenden Personen und ihren Stärken potenziert.

4. Poka Yoke

Um sich (im *flow*-Zustand) gegenwärtig auf die jeweilige Beschäftigung einlassen zu können und nicht durch wiederkehrende Fehler aus dem Konzept geworfen zu werden, ist es hilfreich, vorbeugend diese Stör- und Fehlerquellen systematisch zu vermeiden.[37] Denn meist sind es dieselben Fehlerquellen und Muster, die zu Fehlern führen. Es gibt ein Prinzip, welches es möglich macht, routinemäßige Fehlerquellen zu eliminieren. Poka (japanisch für: »unbeabsichtigte Fehler«) und Yoke (»vermeiden«) wurde von Shigeo Shingo entworfen, der sich mit der Qualitätskontrolle des Toyota-Produktionssystems befasste. Das Prinzip Poka Yoke geht davon aus, dass in jedem System unbeabsichtigte Fehler passieren können. Damit diese jedoch keinen größeren Schaden verursachen, wird sich zum Ziel gesetzt, das System dahingehend zu optimieren, dass überhaupt keine Schäden am Endprodukt auftreten können. Oftmals lässt sich dies durch kleine, aber wirkungsvolle Maßnahmen erreichen, indem bereits in der Konzeption potenzielle Fehlerquellen analysiert und durch zwei Maßnahmen vorgebeugt werden:

Warnung: Sobald ein Fehler aus Versehen passiert, wird dies sofort vom System zurückgemeldet.

[37] Weiterführende Literatur: Jochen Peter Sondermann & Gerd F. Kamiske (2013). Poka Yoke. München.

Ausschluss: Das System ist so angelegt, dass der Fehler automatisch verhindert wird bzw. das fehlerhafte Verhalten gar nicht erst durchgeführt werden kann.[38]

Poka Yoke bedeutet also, Abläufe möglichst so unkompliziert wie nur möglich zu gestalten. Oder, umgangssprachlich ausgedrückt, Abläufe ›idiotensicher‹ zu gestalten. Dieses Prinzip kann hervorragend für das individuelle Zeit- und Prioritätenmanagement genutzt werden. Indem Fehler vermieden werden, insbesondere Fehler, die aufgrund bestimmter Prozesse wiederkehrend auftreten, werden Ziele *EffEff* erreicht. Im Folgenden findest du dazu konkret anwendbare Hinweise:

- ▷ Plane Feedback bei der Bearbeitung von Projekten ein, so dass du mithilfe Anderer Zielabweichungen erkennst und dich mehr auf den Prozess einlassen kannst.
- ▷ Plane Zwischenfeedback nach wichtigen Teilschritten ein, die zu einem späteren Zeitpunkt nicht rückgängig gemacht werden können.
- ▷ Lege dir wichtige Dinge oder Erinnerungen, die du auf keinen Fall vergessen möchtest, an Orte (beispielsweise deinen Schreibtisch), wo du sie nicht übersehen kannst.
- ▷ Nutze einfache und transparente Listen, welche stets das Wichtigste erfassen.
- ▷ Stelle dir einen Timer, wenn du dich auf eine Aufgabe fokussieren möchtest, aber befürchtest, du könntest dabei die Zeit vergessen (siehe Pomodoro-Technik).

[38] Vgl. Shigeo Shingō, (1986). Zero Quality Control: Source Inspection and the Poka-yoke System. Cambridge.

Diesen Prozess in die Praxis umsetzen heißt:

1. Wähle ein Ziel, dass du dir gesetzt hast und notiere, falls noch nicht geschehen, alle Teilschritte, die du zum Erreichen des Ziels geplant hast. Visualisiere zusätzlich das finale Resultat, also, **was** soll unbedingt erreicht werden und wie soll es ganz genau aussehen? Denke an Fehler, die du aufgrund deiner Erfahrung kennst.
2. Welche Fehlerquellen können auftreten bzw. schnell übersehen werden? Führe dazu eine Liste und gib diese idealerweise noch einer anderen Person zur Kontrolle.
3. Frage dich nun: Was könnte mich warnen, falls ich einen dieser Fehler begehe? Gibt es Möglichkeiten, diese Fehler vollständig auszuschließen?

7. Wir fassen zusammen

- ▷ Im *flow* wird die Zeit, egal ob alleine oder im Team, maximal *EffEff* genutzt
- ▷ *Flow* fördert Freude und Qualität in unseren Aktivitäten und steigert unser persönliches Wachstum
- ▷ Ein wichtiger Aspekt des *flow*-Erlebens ist die Balance zwischen Anforderungen und Fähigkeiten
- ▷ Im *flow*-Zustand sind wir völlig konzentriert im Hier und Jetzt, vertieft in der Aktivität, ohne Sorgen, Probleme und Ablenkungen
- ▷ Der Fokus ist vollkommen auf die Aktivität ausgerichtet und ist Gegenstand des Denkens
- ▷ die acht essenziellen *flow*-Punkte addieren sich in ihrer Wirkung je nach Erfüllungsgrad zu einem optimalen ›*flow*-Akkord‹
- ▷ mit der Pomodoro-Technik werden spezielle Aufgaben und Themen in einem vorher festgelegten Zeitfenster konzentriert (im *flow*) bearbeitet
- ▷ Poka Yoke hilft, durch das strategische Ausschließen von Fehlern, fokussierter und effektiver zu arbeiten

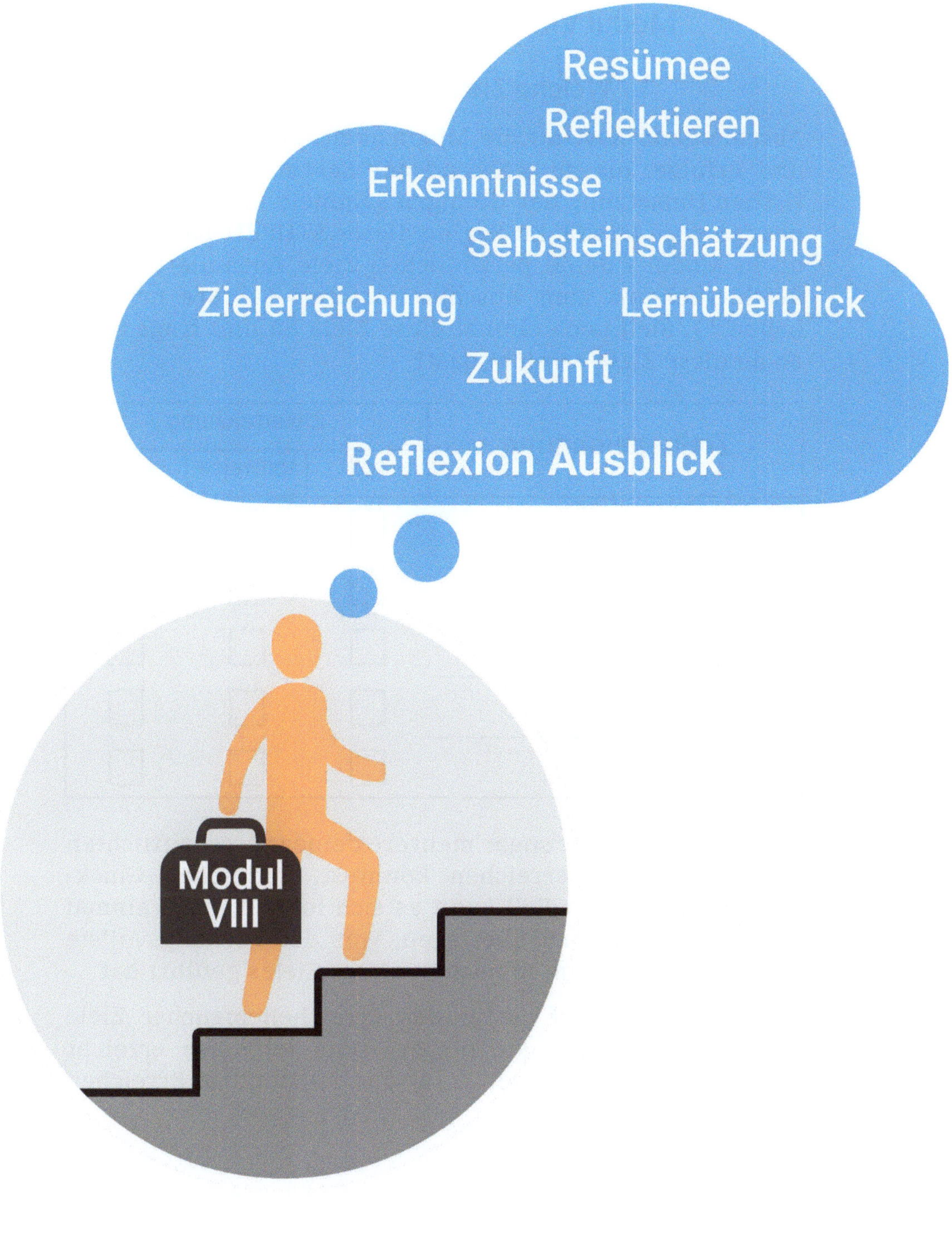
Resümee
Reflektieren
Erkenntnisse
Selbsteinschätzung
Zielerreichung
Lernüberblick
Zukunft
Reflexion Ausblick
Modul
VIII

Modul VIII Reflexion und Ausblick

1. Welche Ziele wurden erreicht?

Abschließend hast du die Möglichkeit, deine Erfahrungen und Erfolge, die du während der Lektüre und der praktischen Umsetzung der Übungen sammeln konntest, Revue passieren zu lassen. Zu Beginn dieses STUFEN-Bandes hast du in Modul 1 deine persönlichen Ziele formuliert („Was möchte ich bis zum Abschluss meiner Lektüre erreicht haben?“). Sieh noch einmal diese Ziele an und frage dich, ob du diese Ziele erreicht hast?

Zielbezeichnung	Zielerreichung		
	voll	teilweise	nicht
	☐	☐	☐
	☐	☐	☐
	☐	☐	☐
	☐	☐	☐
	☐	☐	☐

Wenn du eines oder sogar mehrere deiner verschriftlichten Ziele schon voll erreichen konntest, herzlichen Glückwunsch! In diesem Fall kann es sich lohnen, noch einmal innezuhalten und zu überlegen, was der wirkungsvollste Schritt war, der zum Erreichen dieses Zieles geführt hat.

Natürlich bedarf es für das Erreichen mancher Ziele mehr Zeit, so dass sie bisher ›nur‹ teilweise erreicht wurden. Belohne dich selbst für das vollständige Erreichen von Zielen!

Falls du Ziele aufgeschrieben hast, die du noch gar nicht erreicht hast, bei denen du womöglich bisher noch nicht mal den ersten Schritt unternommen hast, kann dies unterschiedliche Ursachen haben. Vielleicht hattest du noch nicht die Zeit gefunden, an der Zielerreichung zu arbeiten. Aber du erinnerst dich: Keine Zeit für etwas zu finden, bedeutet häufig, sich keine Zeit zu nehmen. Es bietet sich daher an, regelmäßig die eigene Zielsetzung zu reflektieren. Hattest du wirklich keine Zeit, etwa weil du dich sehr stark auf das Erreichen anderer Ziele konzentriert hattest, obwohl dir das (noch) nicht erreichte Ziel nach wie vor wichtig ist? Ist das Ziel vielleicht im Moment gar nicht erreichbar, weil es sich um ein langfristiges Ziel handelt, welches das Erreichen anderer Teilziele voraussetzt? Oder merkst du aber, dass das Ziel für dich schlichtweg an Priorität verloren hat oder sogar womöglich niemals richtige Priorität hatte?

Selbstverständlich können Ziele aufgegeben werden, wenn sich herausstellt, dass sie langfristig nicht zu deiner Zufriedenheit beitragen oder andere Ziele vehement blockieren. Denn wenn du über ein funktionierendes Zeit- und Prioritätenmanagement verfügst, beginnst du, wenn auch unbewusst, für dich weniger passende Ziele hintenanzustellen. Wenn du hingegen nach einer gewissen Zeit feststellst, dass du die Mehrheit deiner Ziele weder in Gänze noch in Teilen erreicht hast, hilft es, noch einmal die einzelnen Ziele zu überdenken. Lass dich keinesfalls entmutigen, wenn etwas noch (!) nicht geklappt hat. Vielleicht sind die Ziele, hier und jetzt, nicht realisierbar oder die dafür benötigte Zeit wurde von bestimmten Umständen ›gefressen‹.

Selbsteinschätzung nach Bearbeitung des Buches:

Kreuze an, wie du nun dein Wissen und Können im Hinblick auf dein Zeit- und Prioritätenmanagement einschätzt:

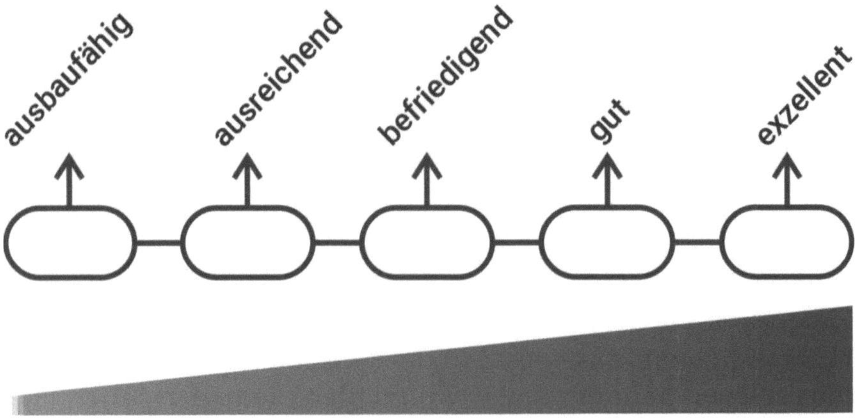

Abbildung 25: Selbsteinschätzung nach Buchbearbeitung

Wenn du in deiner Selbsteinschätzung noch nicht bei gut oder sogar exzellent angekommen bist, hast du gewiss noch Luft nach oben. Du wirst feststellen, dass mit zunehmender Beschäftigung und Erfahrung dein Umgang mit der Zeit sich stetig verbessert.

2. Reflexion: Was nimmst du aus der Lektüre für dich mit?

Reflektiere abschließend, wie sich dein Umgang mit der Zeit während der Lektüre und dem Umsetzen der Übungen verändert hat:

- ▷ Welche neuen Gewohnheiten hast du entwickelt?
- ▷ Welche alten Gewohnheiten hast du dir abgewöhnt?
- ▷ Was ist deine größte Lernkurve/Entwicklung im Umgang mit der Zeit?
- ▷ Und woran möchtest du in der Zukunft, also in der Zeit, die noch vor dir liegt, arbeiten?
- ▷ Welche Methoden und Tools waren für dich persönlich besonders hilfreich und wertvoll?
- ▷ Welches Thema ist dir während der Lektüre wichtig geworden?

Die von den Autoren verwendete Literatur findest du im Anhang sowie weiterführende Literaturtipps für Themen, die sich vielleicht während der Lektüre als für dich relevant erwiesen haben.

3. *EffEff*-Umgang mit der Zeit: Ein Resümee

Mit Rückblick auf die einzelnen Module; welche Erkenntnisse konntest du für dich verwirklichen, was hast du davon praktisch umgesetzt und woran möchtest du noch zukünftig arbeiten? Nachstehend erhälst du zu den einzelnen Modulen ein paar Reflexionsimpulse.

Modul I: Welche Ziele hatte ich mir notiert? Würde ich jetzt, nach der gesamten Lektüre, diese Ziele anders formulieren?

____

____

____

____

____

Modul II: Wenn ich an die STUFEN-Kurz-Analyse zurückdenke, welche meiner Stärken ist für mich in meinem Umgang mit der Zeit am hilfreichsten?
Und bei welchen meiner Stärken konnte ich beobachten, dass sie manchmal hinsichtlich meines Umgangs mit der Zeit zu einer Schwäche werden?

____

____

____

____

____

Modul III: Was waren meine größten Zeitfallen? Kann ich inzwischen besser mit diesen umgehen?
Wenn ich kurz in mich gehe, was würdest ich nun nach der Lektüre sagen, ist meine größte Zeitfalle?

____

____

____

____

____

Modul IV: Welche zentralen Erkenntnisse konnte ich zum Setzen von Prioritäten für mich mitnehmen?
Wie werde ich zukünftig mit meinen Prioritäten umgehen?

____

____

____

____

____

Modul V: Welche Erkenntnisse bezüglich meiner Tages- und Wochenplanung haben mir weitergeholfen? Was werde ich in Zukunft bei der Planung beibehalten?

____

____

____

____

____

Modul VI: Welche Erfahrungen habe ich beim Umgang mit der Zeit im Team gemacht? Auch im Hinblick auf meine Stärken: Wie werde ich mit meinen Potenzialen im Team dazu beitragen, dass wir gemeinsam die gesetzten Ziele *Eff Eff* erreichen? Erkenne ich diese Potenziale bei anderen Teammitgliedern?

____

____

____

____

Modul VII: Habe ich *flow*-Erlebnisse an mir beobachten können? Was hat mir persönlich dabei geholfen, *flow*-Zustände herbeizuführen?

____

____

____

____

____

Welche Erkenntnisse waren für mich insgesamt am wichtigsten?

____

____

____

____

____

____

____

____

Die Autoren wünschen dir, dass du dieses Buch für deinen persönlichen Erfolg nutzen konntest und sich die Zeit, die du dir für die Lektüre und Bearbeitung der Aufgaben genommen hast, eine nachhaltige Investition in deinem Umgang mit der Zeit ist.

Erfolgsplan mit Garantie: Wenn nicht jetzt, wann dann?

Welches sind für mich die drei bis fünf besonders wichtigen Erkenntnisse nach der Bearbeitung dieses Buches?

Was (ist wichtig)?	Warum (nutzt es mir)?	Wie (setze ich es um)?

Welche dieser Erkenntnisse bringt mir den größten Erfolg, wenn ich sie sofort kompetent und konsequent umsetze?

Dies ist deine derzeit größte Chance[39]:

Formuliere diese wichtigste dieser Erkenntnisse zu einem Ziel, zu einer Aufgabe:

____

____

____

____

Bearbeite diese Aufgabe ab sofort mit aller Konsequenz!

Es geht um den wirksamsten Mangel/zentralen Engpass!

Schreibe die Aufgabe/dieses Ziel auf einen Notizzettel und positioniere diesen als »kategorischen Imperativ« gut sicht-

[39] vgl. EKS© in Modul IV.

bar solange auf deinem Schreibtisch, bis dir die Umsetzung »in Fleisch und Blut übergegangen«, d. h. zur Gewohnheit geworden ist.

Trage diese Aufgabe zusätzlich als wichtigstes Tagesziel auf den jeweils nächsten Tag in deinen Zeitplaner ein, und zwar solange, bis bei dir die Umsetzung nachhaltig verankert ist.

Dann kannst du deine nun wichtigste persönliche Erkenntnis als neues Ziel/Aufgabe definieren, um sie als wichtigstes Tagesziel zu positionieren.

Verfahre so mit allen auf S. 154 f. notierten Erkenntnissen!

Wenn du diese durch Umsetzung »abgearbeitet« hast, frage dich laufend:

Was ist ab sofort mein »wirksamster Mangel«?

Du wirst dich wundern, und vor allem auch freuen, denn:

Dein Erfolg ist nicht aufzuhalten!

Denn Erfolg wird – was im Übrigen der allgemeinen Erfahrung entspricht – durch Konzentration auf das jeweils Wichtigste sowie persönlichkeits-kongruentes Verhalten verursacht/erreicht, was auch die vorstehende Analyse deiner Erfolge und deiner Misserfolge bzw. »Noch-nicht-Erfolge« gezeigt haben dürfte.

Denke daran:

ERFOLG ist die innere ZUFRIEDENHEIT
aufgrund von Art und Grad SINN-basierter ZIELERREICHUNG
im Hinblick auf die individuelle PERSÖNLICHKEITS-STRUKTUR

Anhang

1. Personenregister

Böckmann, Walter (1923–2014), deutscher Psychologe und Soziologe.

Bosmans, Phil (1922–2012), belgischer Ordensgeistlicher und Autor.

Branden, Nathaniel (1930–2014), US-amerikanischer Psychotherapeut und Autor.

Covey, Stephen R. (1932–2012), US-amerikanischer Autor und Hochschullehrer.

Dschalal ad-Din Muhammad Rumi (1207–1273), persischer Dichter und Mystiker (Sufismus).

Eisenhower, Dwight D. (1890–1969), US-amerikanischer General und 34. Präsident der Vereinigten Staaten.

Frankl, Viktor (1905–1997), österreichischer Neurologe und Psychiater, Begründer der Logotherapie und Existenzanalyse.

Franklin, Benjamin (1706–1790), US-amerikanischer Verleger, Erfinder und Staatsmann.

Goethe, von Johann Wolfgang (1749–1832), deutscher Dichter und Naturforscher.

Hippokrates von Kos (ca. 460 v. Chr. - 370 v. Chr.), griechischer Arzt und Lehrer.

Jung, Carl Gustav (1875–1961), Schweizer Psychiater und Begründer der analytischen Psychologie.

Lee, Ivy (1877–1934), US-amerikanischer Kommunikationsmanager, Berater und Autor.

Leroi-Gourhan, André (1911–1986), französischer Archäologe und Anthropologe.

Lessing, Gotthold Ephraim (1729–1781), Dichter der Aufklärung

Lewin, Kurt (1890–1947), deutscher Sozialpsychologe, Pionier auf dem Feld der experimentellen Sozialpsychologie und Gestaltpsychologie.

Marston, William M. (1893–1947), US-amerikanischer Psychologe, feministischer Theoretiker, Erschaffer der Comicfigur Wonder Woman.

Matthews, Gail, US-amerikanische Psychologin.

Morgenstern, Christian (1871–1914), deutscher Dichter und Schriftsteller.

Niebuhr, Reinhold (1892–1971), amerikanischer Theologe, Philosoph und Politikwissenschaftler.

Paracelsus (1493 oder 1494–1541), schweizer Arzt, Naturphilosoph, Alchemist.

Pareto, Vilfredo (1848–1932), italienischer Ingenieur, Soziologe und Ökonom.

Pergamon von Galenos (2. Jahrhundert v. Chr.), in Rom tätiger, griechischer Arzt und Anatom.

Schulz von Thun, Friedemann (*1944), deutscher Kommunikationspsychologe.

Schwab, Charles (*1937), US-amerikanischer Unternehmer.

Seneca (ca. 1–65 n. Chr.), römischer Philosoph, Dramatiker, Naturforscher, Anhänger der stoischen Philosophie.

Shaw, Bernhard (1856–1950), irischer Dramatiker, Politiker und Pazifist.

Virchow, Rudolf (1821–1902), deutscher Arzt, Pathologe und Anthropologe.

Zeigarnik, Bluma (1901–1988) sowjetische Gestaltpsychologin litauischer Herkunft

Zweig, Stefan (1881–1942), österreichischer Schriftsteller, Übersetzer und Pazifist.

2. Zitierte und weiterführende Literatur

Baethge A. & Rigotti T. (2010). Arbeitsunterbrechungen und Multitasking. Ein umfassender Überblick zu Theorien und Empirie unter besonderer Berücksichtigung von Altersdifferenzen. Dortmund/Berlin/Dresden.

Beuth, M. & Hahl, V. (2016). Erfolg durch Lernen lernen - individuell-optimal (*STUFEN zum ERFOLG*, Bd. 3). Norderstedt.

Birkenbihl, V. F. (2023). Stroh im Kopf (63. Auflage). Offenbach.

Böckmann, W. (1981). Das Sinn-System – Psychotherapie des Erfolgsstrebens und der Misserfolgsangst. Düsseldorf/Wien.

Branden, N. (1994), The Six Pillars of Self-Esteem. New York.

Bücker, T. (2022). Alle_Zeit: Eine Frage von Macht und Freiheit. Ullstein.

Catto, J. (2016). Insanely Gifted. Turn your Demons into Creative Rocket Fuel. Edinburgh.

Covey, S. R. (2022). Die 7 Wege zur Effektivität. Prinzipien für persönlichen und beruflichen Erfolg (58. Auflag). Offenbach.

Csíkszentmihályi, M. (1985). Das *flow*-Erlebnis: Jenseits von Angst und Langeweile - im Tun aufgehen. Stuttgart.

Csíkszentmihályi, M. (1999). Lebe gut. Stuttgart.

Csíkszentmihályi, M. (2004). *Flow* im Beruf, das Geheimnis des Glücks am Arbeitsplatz. Stuttgart.

Ebbinghaus, H. (1885). Über das Gedächtnis. Untersuchungen zur experimentellen Psychologie. Leipzig.

Eremit, B. & Weber, K. F. (2016). SMART-Methode–Specific Measurable Accepted Realistic Timely. In: *Individuelle Persönlichkeitsentwicklung: Growing by Transformation*, S. 93–99. Wiesbaden.

Friedrich, K. (2014). Erfolgreich durch Spezialisierung (2., überarbeitete Auflage). München.

Friedrich, K., Malik, F.. & Seiwert, L. (2009). Das große 1x1 der Erfolgsstrategie (14. Auflage). Offenbach.

Hartmann, C. (2020). Die Facetten unserer Persönlichkeit. Heidelberg.

Hesse, H. (2007). Narziß und Goldmund. Frankfurt am Main.

Hugentobler, U. (2011). Messen von *flow* mit EEG in Computerspielen. Dissertation. Zürich.

Jung, C. G. (2008). Typologie. München.

Lally, P., Jaarsveld van, C., Potts, H. & Wardle, J. (2010). How are habits formed: Modelling habit formation in the real world. In: *European Journal of Social Psychology.*

Leonard, G. B. (1991). Mastery. The Keys to Success and Long-Term Fulfillment. New York.

Lesch, S. (2011). Die Falle Zeitmanagement – Wenn die Stunde schlägt. In: *Psychoblasen in der Wirtschaft* (S. 191–208 Wiesbaden.

Levine, R. (2008). Eine Landkarte der Zeit – Wie Kulturen mit der Zeit umgehen (14. Auflage). München.

Lück, H. E. (2002). Geschichte der Psychologie. Strömungen, Schulen, Entwicklungen (= Grundriss der Psychologie. Bd. 1 = Kohlhammer-Urban-Taschenbücher. Bd. 550). Stuttgart.

MacCann, C. & Roberts, R. D. (2010). Do time management, grit, and self-control relate to academic achievement independently of conscientiousness? In: Hicks, R. (Hg.): Personality and Individual Differences: Current Directions (S. 79–90). Brisbane.

Mackenzie, R. A. (1985). Die Zeitfalle - Sinnvolle Zeiteinteilung und Zeitnutzung. Heidelberg.

Marston, W. M. (2014). Emotions of Normal People, Louth. [Original erschienen London 1928].

Matthews, G. (2007). The Impact of Commitment, Accountability, and Written Goals on Goal Achievement. Vancouver.

Matthews, G. (2015). Goal Research Summary. Paper presented at the 9th Annual International Conference of the Psychology Research Unit of Athens Institute for Education and Research (ATINER). Athen.

Oberauer, K. & Kliegl, R. (2006). A formal model of capacity limits in working memory. In: *Journal of Memory and Language* 55, S. 601–626.

Ophir, E., Nass, C., Wagner, A.D. (2009). Cognitive control in media multitaskers. In: *Proceedings of the National Academy of Sciences of the USA*. 106/37, S. 15583–15587.

Ott, L., Wittmann, R. & Gay, F. (2006). Das DISG Persönlichkeitsprofil. In: Simon, W. (Hg.): Persönlichkeitsmodelle und Persönlichkeitstests. Offenbach.

Roenneberg, T. & Klerman, E. B. (2019). Chronobiology. In: *Somnologie* 23 (S. 142–146).

Russell-Walling, E. (2011). Das 80/20-Prinzip. In: *50 Schlüsselideen Management* (S. 68–71). Heidelberg.

Schneider-Blümchen, S. (2013). Zeitdiebe entlarven. In: *Alltagsintelligenz* (S. 201–209). Wiesbaden.

Schulz von Thun, F. (1998). Miteinander reden 3 – Das »innere Team« und situationsgerechte Kommunikation. Reinbek.

Seiwert, L. J. (1984). Das 1 x 1 des Zeitmanagement. Speyer.

Seiwert, L. J. (2006). Noch mehr Zeit für das Wesentliche. München.

Shehata et al. (2021). Team *flow* Is a Unique Brain State Associated with Enhanced Information Integration and Interbrain Synchrony. In: *ENEURO* 8/5.

Smolka, H.-M. (2011). Mein Glücks-Trainings-Buch. München.

Tierny, J. (2011). Willpower – Rediscovering the Greatest Human Strength. New York.

Tracy, B. (2011). Keine Ausreden! Die Kraft der Selbstdisziplin. Offenbach.

Wagner, H. & Kalina, S. (2019). Persönlichkeit und Erfolg, Grundlagen für beidseitige Akzeptanz und wertschätzende Kommunikation – Arbeitsbuch für persönliche Entwicklung (3., übearbeitete Auflage). Norderstedt.

Wagner, H. & Wagner, U. (2011). Erfolg durch *EffEff* Umgang mit der Zeit (*STUFEN zum ERFOLG*, Bd. 2). Landau.

Wagner, H. & Bürkle, H. (2018). Erfolgs-Methodologie. Grundlagen und Umsetzung (*STUFEN zum ERFOLG*, Bd. 4). Norderstedt.

Zimbardo, P. & Boyd, J. (2009). Die neue Psychologie der Zeit und wie sie Ihr Leben verändern wird. Heidelberg.

3. Abbildungsverzeichnis

4. Stichwort-Verzeichnis

5. Zu den Autoren

Georg Schmitt, Vorstandsmitglied in der Bildungs- und Chancen-Stiftung *STUFEN zum ERFOLG* mit den Schwerpunkten der Bausteine M »Erfolg durch mentale Fitness« und Z »Erfolg durch *EffEff*-Umgang mit der Zeit«. Er ist lizenzierter Fachassistent für Integratives Hirnleistungstraining IHT® und Vitalitätstrainer® nach Professor Dr. med. Bernd Fischer, dem Hirnforscher und Begründer des Integrativen/Interaktiven Hirnleistungstrainings. Vor dem Hintergrund seiner 40-jährigen Berufserfahrung in der Kundenberatung für ein großes Industrieunternehmen erklärt er zahlreiche wertvolle Methoden in diesem Band.

Jan Eggert, ist Trainer und Dozent für studentische Tutoren und lehrt Zeitmanagement für Studierende an Universitäten und Hochschulen. Als Musikwissenschaftler, mit Schwerpunkt Musikpsychologie, befasst er sich mit Persönlichkeitsanalysen und psychologischen Methoden.

Bildungs- und Chancen-Stiftung
STUFEN zum ERFOLG

Wir verfolgen satzungs-gemäß das Ziel, Menschen – vor allem unsere Jugend – zu fördern durch ein bewährtes Angebot von grundlegender Schlüssel-Kompetenzen auf für den Erfolg essenziellen Bereichen: (P-E-L-Z-Konzept):

P Persönlichkeit und Erfolg/Akzeptanz der natürlichen individuellen Unterschiedlichkeit

E Erfolgs-Methodenlehre/Karriere-Strategie

L Erfolg durch Lernen lernen – individuell-optimal

Z Erfolg durch *EffEff*-Umgang mit der Zeit/Prioritäten-Management

Als grundlegend betrachten wir Kompetenzen, deren jeder Mensch zwingend bedarf, sowohl beruflich als auch privat, und zwar unabhängig von Beruf, Alter, Geschlecht, Bildungsstand und Migrations-Hintergrund.

STUFEN-Ziel ist also, für Wachstum aufgeschlossene Menschen, vor allem junge Menschen, zu motivieren und zu befähigen, die in ihnen liegenden Potenziale zu erkennen, zu akzeptieren, weiterzuentwickeln und zu nutzen, und zwar zum eigenen Erfolg sowie auch zum Nutzen von Wirtschaft und Gesellschaft. Hierfür haben wir die bewährte Selbst-Analyse der individuellen Persönlichkeits-Struktur (SKA) entwickelt, die unentgeltlich angeboten wird: www.ska.stufenzumerfolg.de

Für jeden der vier P-E-L-Z-Erfolgs-Bausteine, die sowohl life als auch online angeboten werden, ist eine Teilnehmer-Unterlage in Buchform verfügbar. Anläßlich des 10-Jahres-Jubiläums wurde zusätzlich der Sonder-Band „Erfolg ist machbar!" publiziert. Er ist auch in PDF-Version verfügbar.

Diese Dokumentation ergänzt die inzwischen 6-bändige STUFEN-Schriftenreihe, in der die Inhalte unserer Erfolgs-Bausteine als Bücher und als Workbook sowie zugleich als Teilnehmer-Unterlagen für Seminar- und Online-Veranstaltungen zur Verfügung stehen.

Wir sind Mitglied im Bundesverband Deutscher Stiftungen

Weitere Informationen: www.stufenzumerfolg.de

Das STUFEN-PELZ-Konzept mit den bewährten STUFEN-Erfolgs-Bausteinen wurde zweimal ausgezeichnet und zertifiziert mit dem Qualitäts-Siegel des Dachverbandes der Weiterbildungs-Organisationen (DVWO).

Eine wichtige Ergänzung dieser 4 STUFEN-Bausteine P E L Z bietet unser fakultativer Baustein M: *Erfolg durch mentale Fitness.*

STUFEN-Partner sind engagierte Bildungs-Einrichtungen, Unternehmen bzw. Kammern sowie von unserer Stiftung qualifizierte und lizenzierte STUFEN-Trainer und -Pädagogen: Seminar als Teilnehmer (Frosch-Perspektkive, Train-the-Trainer-Workshop (max. 4 Teilnehmer: Vogel-Perspektive) sowie ein eigenes Seminar mit Supervision.

Schülern und Studenten werden die Erfolgs-Bausteine vorwiegend in Schulen und Hochschulen angeboten, Auszubildenden in ihren Unternehmen durch betriebliche Ausbilder, die als STUFEN-Trainer im Rahmen des zertifizierten STUFEN-Lizenzierungs-Prozedere qualifiziert werden. Ausführliche Informationen bietet der noch in Print- und PDF-Version verfügbare BoD-Jubiläums-Band: Wagner/Hrsg.: „Erfolg ist machbar!" (2012).

Nachstehende Bände der STUFEN-Schriftenreihe stehen, auch als Workbook, als Teilnehmer-Unterlagen in den Veranstaltungen zu STUFEN-Erfolgs-Bausteinen zur Verfügung:

Bd. 1: Wagner & Kalina: Persönlichkeit und Erfolg/Grundlagen beidseitiger Akzeptanz und wertschätzender Kommunikation, 3. Auflage, 2019

Bd. 2: Eggert & Schmitt: Erfolg durch *EffEff*-Umgang mit der Zeit/Selbst- und Prioritäten-Management, 2. Auflage, 2024

Bd. 3: Beuth & Hahl: Erfolg durch Lernen lernen – individuell-optimal, 2016

Bd. 4: Wagner & Bürkle: Erfolgs-Methodologie – Grundlagen und Umsetzung, 2019

Bd. 5: Birker: Erfolg durch Mentale Fitness – Bewusst leben mit dem Unbewussten, 2019

Bd. 6: Schmitt & Wagner: Bildung tut NOT! / Lebenskunst durch Lebens-Kunde für Lebens-Glück – nur im PDF-Format verfügbar, 2023

Bildungs- und Chancen-Stiftung
STUFEN zum ERFOLG

Angebot von ELTERN-WORKSHOPS (auch online)

Unterstützen Sie Ihr Kind,
auf seine individuelle und natürliche Weise erfolgreich zu sein

Eltern und Bezugspersonen wollen nur das Beste für ihre Kinder.

Aber was ist das Beste?

Die Gefahr ist groß, dass wir diese Frage aufgrund von Erwartungen und Wünschen beantworten. Jedoch hat wie ein Erwachsener auch jedes Kind seine eigene Persönlichkeits-Struktur, die sich deutlich von der seiner Eltern unterscheiden kann. Vielleicht meinen Sie, dass Ihr Kind zu ruhig, zu wild, zu ernst oder zu offen ist?

Wir können Sie beruhigen: Hinter jeder dieser Schwächen verbirgt sich in der Regel die Übertreibung einer wertvollen individuellen STÄRKE. Denn Schwächen sind Übertreibungen von Stärken und insoweit das Gegenteil von Nicht-Stärken.

Ist Ihr Kind eher ein Willens-, Ideen-, Herzens- oder Verstandes-Mensch?

ROT – Wille
steht für Dynamik, Durchsetzung und Selbstbewusstsein

GELB – Ideen
steht für Kreativität, Impulsivität und Vielseitigkeit

BLAU – Verstand
steht für Logik, Qualität und Zurückhaltung

GRÜN – Herz
steht für Harmonie, Sicherheit und Hilfsbereitschaft

Flyer mit Infos über STUFEN-Eltern-Workshops, für Eltern und Bezugspersonen, sowie mit Einladung zu unserer STUFEN-Bildungs-Initiative vgl. STUFEN-Homepage:

www.stufenzumerfolg.de oder per E-Mail an info@stufenzumerfolg.de